LAUDATO SI'

Pape François

LAUDATO SI'
Le souci de la maison commune

Présentation et guide de lecture par le C^{al} Gerhard Müller

Préfet de la Congrégation pour la Doctrine de la Foi

P*arole et* **S***ilence*

www.paroleetsilence.com
ISBN 978-2-88918-510-8

SOMMAIRE

PRÉSENTATION ET GUIDE DE LECTURE[1]

par le C^{al} Gerhard Müller

Préfet de la Congrégation pour la Doctrine de la Foi

Après l'encyclique *Lumen fidei* et l'exhortation apostolique *Evangelii gaudium*, le pape François, dans la troisième année de son pontificat, donne déjà à l'Église, avec l'encyclique *Laudato si'*, le troisième grand document de son magistère universel.

Le sous-titre de cette lettre magistérielle, laquelle est divisée en six parties comportant au total 246 numéros, montre qu'il ne s'agit pas seulement de quelques questions pratiques

1. Traduction de l'allemand par Mme Sigrun Jäger et le Père Denis Dupont-Fauville.

d'écologie. C'est la responsabilité de tous les hommes envers la terre vue comme notre « maison commune » qui est le thème principal. « Écologie » est ici comprise à partir de son sens étymologique, comme l'enseignement sur la maison de la famille humaine. Cela comprend la protection de l'environnement, mais va en même temps beaucoup plus loin. Tous les habitants de la terre, dans la crise écologique actuelle qui met en jeu l'avenir de l'humanité sur notre planète, doivent prendre soin de la grande et belle demeure où Dieu, Créateur et Père, a donné à tous une place et un foyer.

Avec le titre de l'encyclique, le pape se rattache au saint dont il a repris le nom quand il a été élu évêque de Rome : François d'Assise. Dans le *Cantique des Créatures*, saint François s'adresse à notre Seigneur et le remercie avec des paroles émouvantes qui font entendre la beauté du monde dans la mélodie de la foi adressée au Créateur. « Laudato si' » – Sois loué, mon Seigneur, pour Sœur notre Mère la Terre, qui nous soutient et nous gouverne et fait germer les divers fruits, avec les fleurs aux couleurs magnifiques et les herbes!

Dans la désignation de la terre comme «sœur» et «mère» s'exprime la conviction qu'elle est plus qu'un simple matériau que nous pouvons employer, utiliser, exploiter et jeter à la poubelle: le sol, l'eau, l'air et tous les êtres vivants sont en relation vivante avec l'homme. Leur être propre mérite le respect puisque la bonté du Créateur se reflète dans l'harmonie de la création. En particulier le corps de l'homme est aussi issu de la terre et de ses composantes et ainsi, en tant qu'être vivant constitué d'un corps et d'un esprit, l'homme est inséré dans l'ensemble du monde et, en tant que personne et être de communion, référé à Dieu, origine et fin de l'univers.

Le pape François s'inscrit dans la continuité du magistère qui – surtout dans les dernières décennies – a pris en compte les défis de l'écologie, ses crises et ses chances. Le magistère ecclésial ne se limite pas à l'exégèse des mystères du salut surnaturel, mais en déduit aussi des jugements et des principes d'action universellement compréhensibles pour servir au bien commun de la famille des peuples. Déjà Jean XXIII, dans son encyclique *Pacem in terris*, s'était adressé avec son engagement pour la paix au monde catholique, mais aussi à « tous les hommes de bonne volonté ». Paul VI a pris explicitement en considération la situation dramatique de l'environnement et a parlé de la nécessité d'une conversion radicale. Jean Paul II a forgé l'expression d'« écologie humaine » pour mettre en exergue l'unité intérieure de l'homme dans le monde comme être naturel et corporel en même temps que moral et spirituel. Le pape François, finalement, se réfère souvent à son prédécesseur et surtout au discours devant le Bundestag du 22 septembre 2011, où le pape Benoît XVI a mis le doigt sur la plaie de la crise actuelle : se détourner du chemin d'autodestruction de l'humanité n'est possible que si la nature et les hommes ne sont plus instrumentalisés du point de vue de l'utilité économique et de la manipulation politique et médiatique de la pensée. Alors nous sommes libérés des démons de l'humanisme sans Dieu, des fausses idoles de l'autocréation et de l'auto-rédemption. «Dans la liberté et la gloire des enfants de Dieu» (Rm 8,21) nous chantons: «Laudato si! Loué soit le Seigneur!»

Le pape François salue aussi les contributions d'autres Églises et communautés ecclésiales, en particulier celles du patriarche Bartholomée, qui s'est engagé résolument pour une journée commune des chrétiens en faveur de la sauvegarde de la création. Mais les autres religions, avec leurs spiritualités propres, sont aussi invitées à un dialogue sérieux et respectueux quant à l'avenir commun sur la terre. Il faut aussi mentionner les multiples activités scientifiques et sociales qui ont aidé à prendre conscience à l'échelle mondiale de la menace sur l'environnement.

Mais la référence à la tradition magistérielle des papes n'empêche pas le pape François de déployer sa perspective propre et de conférer ainsi au processus de sensibilisation écologique une dynamique toute nouvelle. Saint François d'Assise, qui est pour ainsi dire le patron du mouvement écologique et qui représente de plus un modèle dépassant largement le cercle des chrétiens, relie deux des objectifs fondamentaux de ce pontificat : le souci pour la terre comme maison commune de tous les hommes et l'amour envers les pauvres, afin que la répartition du monde entre d'une part des centres puissants et d'autre part des périphéries existentielles et sociales oubliées puisse être surmontée : « Je crois que François est l'exemple par excellence de la protection de ce qui est faible et d'une écologie intégrale, vécue avec joie et authenticité. » (n. 10)

Pour comprendre correctement saint François comme patron de l'écologie de la création et sa spiritualité comme le paradigme de celle-ci, il faut comprendre qu'il ne s'agissait pas pour lui d'un ascétisme extérieur, d'un romantisme de la pauvreté ou de la nostalgie d'une vie simple dans un monde sans technologie moderne. Il va plutôt contre une vision rationaliste et matérialiste qui réduit le monde -- et avec lui l'homme – à un pur objet de recherche et d'utilité économique, soumis aux aléas des intérêts des pouvoirs idéologiques et politiques. Le monde est plutôt un livre par lequel Dieu nous parle et dans lequel la bienveillance et la bonté de Dieu deviennent perceptibles. À travers l'analogie de l'être, la grandeur, la dignité, la beauté et la perfection de chaque créature reflètent le pouvoir éternel et la divinité du Créateur, qui rayonnent dans l'esprit humain par la lumière de la raison. (cf. Sg 13,5 ; Rm 1,20).

Tout le document magistériel résulte manifestement d'un dialogue avec des théologiens, des philosophes, des sociologues et des scientifiques. Mais l'expérience quotidienne vécue par le pape François dans sa patrie argentine joue aussi un rôle. L'atmosphère du grand continent latino-américain se fait sentir. Des études et des explications dues à des conférences épiscopales de différentes parties du monde sont souvent citées et intégrées dans le tableau d'ensemble. Ainsi se constitue une vaste base expérimentale pour les réflexions et les impulsions vers un tournant écologique qui doit être universel. Il est très évident que le pape, dans cette encyclique, voudrait entrer en dialogue avec tous les hommes, tous les groupes sociaux et toutes les communautés religieuses : il ne voudrait pas privilégier, avec le poids de l'autorité magistérielle, une perspective unique et méthodologiquement partielle quant à la problématique de l'environnement, car même les spécialistes apprécient les phénomènes particuliers (comme par exemple le changement climatique, le réchauffement de la planète, l'alimentation et la population, la montée du niveau des mers, la quantité et la qualité de l'eau pour tous) de manière diverse.

À la différence de l'interprétation de la Révélation elle-même, le magistère ne peut pas proposer d'explications définitives pour les problématiques évoquées (cf. n. 60). Face au drame indéniable de la situation globale, c'est plutôt pour le pape une question de présence de la responsabilité éthique et sociale dans touts les domaines – économie, politique, science, culture etc. –, sans remettre en cause leur autonomie relative (cf. *Gaudium et spes*, n. 36). Il importe précisément d'examiner comment compétences techniques et responsabilité éthique sont liées, non seulement en principe mais aussi en pratique et pragmatiquement, afin que la terre ait un avenir et que nos enfants et petits-enfants trouvent eux aussi un monde vivable. Pour relever les défis de la crise anthropologique et écologique, nous devons d'abord analyser celle-ci dans le cadre de la formation d'une conscience politique complète, la qualifier théologiquement et conceptuellement et trouver les motivations d'une action décidée et durable. Ce dont nous avons besoin, c'est d'un débat sérieux et sans préjugés entre toutes les parties concernées pour trouver ensemble une solution viable.

Après l'exposé des thèmes dont les contenus seront développés dans les six parties, le pape nomme des principes structurants qui portent le projet global comme des axes et dirigent le mouvement de la pensée vers «l'optique nouvelle» du défi économique à la lumière de la foi chrétienne. Ainsi, par exemple, l'interdépendance entre les pauvres et la fragilité de la planète ; la conviction que dans le monde tout est lié avec tout ; la critique du paradigme nouveau et des formes de pouvoir centrées sur la technique ; l'invitation à trouver d'autres accès à la compréhension de l'économie et du progrès ; la valeur intrinsèque de chaque créature ; la conscience de la signification de l'écologie ; la nécessité de débats sérieux et honnêtes ; la grande responsabilité de la politique internationale, nationale et locale ; la culture du gaspillage et la proposition d'un nouveau style de vie (cf. n. 16).

Dans la **première partie** (nn. 17-61), le pape reprend des aspects particuliers de la crise écologique actuelle : le réchauffement climatique global et la pollution de l'environnement ; le thème de la pénurie d'eau et le droit à une eau propre et suffisante pour tous ; la perte de la diversité de la faune et de la flore, tel qu'il la connaît à travers la région amazonienne ; la dégradation de la qualité de la vie et le déclin de la justice sociale et du sentiment d'appartenance ; le déséquilibre entre pays et continents dans le développement global; la faiblesse des réactions nationales et internationales vis-à-vis de ces défis globaux; les jugements d'ensemble contradictoires, entre un attachement rigide à une foi dans le progrès, selon laquelle tous les problèmes devraient se résoudre avec la science et la technologie, et la théorie selon laquelle l'homme serait le facteur perturbateur dans une nature pré-humaine harmonieuse, ce qui ne mène que trop facilement à des phantasmes post-humanistes.

Dans la **deuxième partie** (nn. 62-100), le pape développe l'Évangile de la création. L'écologie est étroitement liée à la doctrine sur la création, laquelle n'est pas ici développée mais présupposée, notamment par le recours à son déploiement théologique chez Bonaventure, le fils spirituel de saint François, et chez l'Aquinate, surnommé Thomas *a creatore* par le philosophe Josef Pieper. L'homme n'est pas le produit aléatoire d'une matière aveugle et insensible qui joue avec elle-même. Il surgit plutôt de la volonté de Dieu et peut, en tant que personne, dire « tu » à Dieu et se donner à lui de façon entièrement libre dans cette identité relationnelle qui est la sienne. Ainsi, l'homme est capable de se reconnaître comme « Je » porté par l'amour de Dieu et de s'accepter soi-même. L'homme est redevable de lui-même envers la bonté et l'amour de Dieu. C'est pourquoi l'amour est le sens, la logique de la création qui est ordonnée en vue d'une fin, à savoir l'accomplissement de chaque être créé dans l'amour qui est Dieu lui-même (cf. 1 Jn 4,8.12). L'histoire du cosmos matériel et l'évolution de ce qui est organique font l'objet des sciences empiriques et ne sont pas en principe contraires à la doctrine sur le Créateur. Mais seul un être capable en son esprit de dépasser le monde matériel en s'interrogeant sur les conditions de l'existence et de l'essence des choses peut accéder à une certaine connaissance de Dieu comme Créateur du monde. Seul Dieu, dont l'Être est identique à l'Essence, réalise des êtres[1] individuels (les créatures) qui – dans le cadre d'une

1. [NdT] En allemand, « Seiende », littéralement des « étants ».

participation à l'Être, par leur essence –, existent réellement et concrètement et se déploient historiquement dans l'espace et dans le temps. L'homme est, en tant qu'être spirituel et corporel en même temps qu'historique et social, à la fois une partie et un partenaire du monde ; il est en relation harmonieuse avec les autres créatures[1] de la flore et de la faune, bien que ce lien intérieur entre la nature matérielle, la vie animale et la vie humaine ait été gravement lésé et aspire ardemment à l'avènement de la rédemption et de la création nouvelle (cf. Rm 8,23).

La création est en tout un projet de l'amour de Dieu. Sa bonté est ce qui marque de son empreinte toutes les créatures en leur être et en leur essence. La bonté n'est pas une attribution extérieure ou ce qu'on obtient par soi-même selon une conception pélagienne, mais une qualité intérieure à tous les êtres, en laquelle la bonté essentielle de Dieu se reflète dans l'essence de

1. [NdT] En allemand, « Mitgeschöpfe », littéralement les « co-créatures ».

ses créatures. Ainsi, les créatures sont une louange continuelle à la bonté et à l'amour de Dieu et indiquent son pouvoir éternel et sa divinité. L'homme n'est pas « le maître et le propriétaire de la nature » (Descartes), qui serait pour lui simplement un matériau pour ses constructions propres, mais il est image et parabole de Dieu. Il est désigné pour prendre soin de la terre comme d'un jardin et pour la cultiver. Tout « ce qui est créé selon son espèce » (Gn 1.12.21), reflète la perfection de Dieu dans le cadre de sa nature et se dérobe à une fonctionnalisation pure. Aucune créature ne joue pour une autre créature un rôle purement fonctionnel. Chaque créature a aussi une fin en soi dans le cadre d'ensemble. L'homme ne peut pas conduire la création à son accomplissement à la façon d'une matière première. Mais l'homme reconnaît les possibilités des choses non humaines et des êtres vivants non personnels et les saisit pour, grâce à sa raison, coopérer au dessein de la création d'une manière créative. Cette coopération est d'une fécondité particulière pour le bien commun si elle se base sur la reconnaissance que les biens de la création sont destinés à tous les hommes et à toutes les générations à venir et que, du fait de l'incarnation du Verbe par lequel Dieu a créé toutes choses, la création entière va trouver son accomplissement dans l'amour du Dieu un et trine. Toute opposition dualiste entre transcendance et immanence, entre responsabilité envers le monde et référence à Dieu, entre être corporel et être spirituel est, au regard de la création et de l'incarnation, devenue impossible ; cette perspective empêche une spiritualité d'évasion du monde aussi bien qu'une réduction de la foi chrétienne et des principes moraux fondamentaux à la simple motivation d'un humanisme intramondain.

Dans la **troisième partie** (nn. 101-136), le pape invite à une réorientation fondamentale de notre vision du monde. Le progrès scientifique et technologique et l'énorme accroissement du savoir théorique et pratique de l'humanité doivent par principe être salués et sont d'une grande aide : ils facilitent la communication et la victoire sur des problèmes graves (la mortalité infantile, la mort précoce due à des maladies, les famines). Mais on ne peut pas non plus négliger l'ambivalence de la technique. Celle-ci peut être utilisée pour le bien, mais aussi abusivement pour l'accumulation d'un pouvoir incontrôlable, pour une manipulation spirituelle et pour l'anéantissement des hommes. L'évolution de l'armement a rendu réellement possible l'autodestruction nucléaire, biologique et chimique de l'homme. L'homme peut être contrôlé complètement par ses semblables. Il peut se supprimer en se mettant sous la coupe de l'intelligence artificielle qu'il a lui-même construite ou en se soumettant librement à son paradigme. La globalisation économique et numérique peut entraîner une radicalisation de l'exploitation des pauvres et des faibles par les riches et les puissants ainsi que le consumérisme sans frein avec le pillage des ressources, mais peut aussi faire naître une responsabilité universelle et une solidarité générale de la famille humaine. Un anthropocentrisme rétréci aussi bien qu'une réduction nihiliste de l'homme à « un animal semblable aux autres » (cf. n. 118) doivent être rejetés.

Il reste qu'« il n'y a pas d'écologie sans anthropologie adéquate » (n. 118). Car la crise écologique est en fin de compte une manifestation de la crise éthique, culturelle et spirituelle de la modernité qui comprend l'homme sans la transcendance. Par ce biais, l'esprit de l'homme comme intellect, volonté libre, conscience et compassion perd son soutien et son orientation (cf. n. 119). La culture du relativisme spirituel et moral, qui rejette les vérités objectives et les principes moraux fondamentaux valables pour tous, témoigne de la même pathologie qui mène à l'exploitation, à l'esclavage, à la traite des êtres humains et à la violence (cf. n. 123). Si c'est seulement la raison instrumentale qui compte, sans une orientation éthique qui établisse une différence immuable entre le bien et le mal, on ne peut pas non plus fonder éthiquement le refus d'expériences cruelles sur des animaux et de modes de détention animale qui méconnaissent la valeur intrinsèque des autres créatures. L'avortement et les expériences sur des embryons humains doivent être absolument rejetés, car la simple réalité de l'homme en tant que tel interdit de l'instrumentaliser à quelque phase de sa vie – et non pas seulement l'état d'avancement de son développement corporel, psychique ou spirituel (cf. nn. 131, 136).

La **quatrième partie** (nn. 137-162) parle d'une écologie qui ne se laisse pas dépasser par la complexité de la réalité. La crise de l'environnement répond fatalement aux phénomènes de crise dans le domaine social ainsi qu'en économie et en politique au niveau national et international. Avec la nature, c'est aussi notre héritage historique, artistique et culturel qui est menacé. Le développement intégral de la personne comme de la société, doit devenir un nouvel objectif, y compris dans la vie quotidienne, ce qui requiert vigilance et capacité de vaincre le consumérisme égoïste. Le bien commun est la boussole éthique pour l'écologie de la nature et de l'homme.

Ce bien commun ne peut être atteint que si la justice est aussi exercée entre les générations. Dieu a confié la terre aux hommes de toutes les générations, pas seulement à nous aujourd'hui. Dieu pense toujours aussi aux hommes de l'avenir. Ils sont inclus dans la bénédiction par laquelle Dieu a créé l'homme comme homme et femme, pour qu'ils se multiplient et se reproduisent, assumant ainsi la responsabilité qui leur est confiée dès le commencement de la création. L'écologie du mariage – de la communauté d'amour et de vie entre l'homme et la femme, de laquelle naît la famille – doit aussi se voir à cette lumière. L'acceptation de la corporéité masculine et féminine particulière comme don de Dieu et comme reflet de sa bonté en relève. La différence sexuelle entre l'homme et la femme, l'existence de l'humanité en deux sexes s'oppose clairement à la gnose dualiste d'une provenance ancienne et nouvelle (idéologie du genre) : la condition humaine comme homme ou femme n'est pas un manque duquel l'homme devrait avant tout s'émanciper en construisant lui-même son être corporel et spirituel et en le reliant à son Moi libidineux et consumériste. C'est plutôt une expression de la volonté divine et donc de sa bonté : l'homme et la femme sont appelés à s'enrichir et à se parfaire mutuellement. Cela se voit en particulier dans la communion conjugale qui, avec ses enfants, s'élargit à la dimension familiale et s'insère dans la famille humaine. (cf. n. 155).

La **cinquième partie** (nn. 163-201) propose des références pour l'orientation spirituelle et pour l'action. Dans le dialogue sur l'environnement comme dans la politique internationale, des mesures nécessaires pour toute la terre échouent souvent à cause des égoïsmes nationaux. Nous avons besoin d'une politique nouvelle au niveau international, national et local : le mal qui menace est à vaincre à la racine par des solutions durables. Il est plus important de lancer des processus à long terme que d'occuper momentanément un espace de pouvoir (cf. n. 178).

Ici, il faut que toutes les parties concernées collaborent honnêtement et sans préjugés : les responsables politiques et économiques, les spécialistes des sciences empiriques, les organisations environnementales avec leur *know-how*. Il serait contre-productif de vouloir se priver du trésor de l'expérience spirituelle à cause des vieilles animosités des Lumières, de la critique de la religion et de l'hostilité idéologique envers «la religion»: la réalité du monde et de l'homme dépasse ce qui est vérifiable empiriquement et peut être présenté *more geometrico*. Un dialogue authentique a en vue le *bonum commune* et n'est pas obnubilé par le fait d'imposer son point de vue limité à tout le monde. À la place des guerres idéologiques entre les différents mouvements écologiques, une progression commune sur le chemin du dialogue est souhaitable, qui requiert patience, ascèse et magnanimité (cf. n. 201).

Dans la **sixième et dernière partie** (nn. 202-246), le pape parle d'une éducation et d'une spiritualité écologiques. Nous avons besoin d'une réorientation et d'un changement de cap complet de l'humanité. Une prise de conscience de l'origine commune en Dieu, notre Créateur et Père, et la compréhension d'une solidarité en tant que frères et sœurs dans la création de Dieu doit susciter des convictions, des activités et des manières de vivre nouvelles. Le style de vie qui a de l'avenir n'est pas celui du consumérisme et de la jouissance, mais celui de la reconnaissance et la confiance sereine en Dieu. Inspirons-nous des saints, de François, de Charles de Foucauld, de Thérèse de Lisieux, de la mystique de saint Jean de la Croix ! Un nouveau style de vie au quotidien, mais aussi le mouvement généreux de l'humilité envers Dieu, de l'intimité familiale vécue les uns avec les autres et surtout de l'identification réelle du Christ avec les pauvres, tel est le chemin d'une conversion à Dieu le Père, qui nous libère en vue d'une fraternité universelle (cf. n. 228). L'Église nous présente l'idéal d'une « civilisation de l'amour », car « l'amour social est la clé d'un développement authentique » (n. 231).

Quand le Saint-Père parle d'une « conversion écologique » (n. 216), il n'entend évidemment pas une piété vis-à-vis de l'environnement, mais la prise au sérieux de la crise écologique qui atteint toute l'humanité. Il s'agit de la disposition, dans la rencontre avec le Christ, à tirer toutes les conséquences nécessaires pour la relation avec les hommes et avec l'environnement. La mystique de saint Ignace de Loyola, qui a façonné notre Saint-Père tout au long de sa vie, est une mystique du « trouver Dieu en toutes choses » et dans toutes les situations. Préserver la création n'est pas une option livrée à ma fantaisie pour quelque chose que je trouverais personnellement important. C'est une mission essentielle pour tout homme, en particulier pour tout chrétien (cf. n. 217).

C'est dans la mystique d'un Jean de la Croix que se reflète comme expérience religieuse ce que la foi chrétienne dans le Créateur confesse en disant que tout bien présent dans les choses et dans notre expérience du monde existe *per eminentiam* d'une manière infinie en Dieu lui-même : oui, formulé de manière incisive, c'est « pour ainsi dire Dieu lui-même », en tant qu'il est présent en toutes choses comme leur fondement (cf. n. 235). Cela n'a rien à voir avec un panthéisme, mais sauvegarde la différence infinie entre Dieu et le monde aussi bien que le mystère de la proximité infinie de Dieu avec le monde, ce Dieu qui a créé le monde dans le Verbe même en qui il a assumé notre chair (cf. n. 235). « Celui qui confesse que Jésus est le Fils de Dieu, Dieu demeure en lui et lui en Dieu » (1 Jn 4,15).

Le développement de la pensée de l'encyclique atteint son sommet quand le Saint-Père expose le mystère de l'eucharistie avec une référence au jour du Seigneur, le dimanche, comme jour de la transformation et du salut de toute la création dans le corps transfiguré du Christ ressuscité : « L'eucharistie unit le ciel et la terre, elle embrasse et pénètre toute la création » (n. 237). Nous ne connaissons complètement Dieu comme origine et fin de toute la création qu'à la lumière du mystère trinitaire de Dieu. En Marie, de laquelle le Fils de Dieu le Père a assumé la nature humaine par l'action de l'Esprit Saint, nous connaissons la beauté de la vocation humaine, de la rédemption et de l'accomplissement dans l'âme et dans le corps. Dans la mère de Jésus, « pleine de grâce » (cf. Lc 1,28), nous saisissons le but de la création dans la venue du ciel nouveau et de la terre nouvelle (cf. Ap 21,1). La dimension cosmique de la rédemption et de la grâce ne doit jamais être oubliée: «Marchons en chantant! Que nos luttes et notre préoccupation pour cette planète ne nous enlèvent pas la joie de l'espérance» (n. 244).

Avec cette encyclique, le pape François s'adresse à tous les hommes de bonne volonté. Il les invite tous à un dialogue amical sur la crise écologique et sociale qui menace notre maison commune et il demande de suivre un chemin commun pour répondre à ce défi mondial. Il ne s'agit pas de considérations théoriques avec quelques objectifs pratiques. Le pape ne veut pas seulement une amélioration dans des détails, mais une conversion fondamentale au vu de l'aggravation critique de la situation générale, qui ne permet plus d'esquive. Il s'agit de prendre conscience que nous habitons la même maison, donnée par Dieu, et que nous sommes les enfants de l'unique Créateur et Père des Cieux.

L'encyclique *Laudato si'* se termine avec deux prières. À la prière pour la terre, le pape invite à se joindre tous ceux qui croient en Dieu comme Créateur du monde et Père de tous les hommes. La prière avec toute la création loue et célèbre Dieu dans et par Jésus Christ, dans toutes les formes et les couleurs, tous les éléments et les êtres du monde créé, avec un «Laudato si'» éternel. Nous appelons vers Dieu, notre Seigneur, qui crée, rachète et mène à son accomplissement tout l'univers: «Saisis-nous par ta puissance et ta lumière pour protéger toute vie, pour préparer un avenir meilleur, pour que vienne ton Règne de justice, de paix, d'amour et de beauté. Loué sois-tu. Amen.»

LETTRE ENCYCLIQUE

LAUDATO SI'

DU SAINT-PÈRE

FRANÇOIS

SUR LA SAUVEGARDE DE LA MAISON COMMUNE

1. « LAUDATO SI', mi' Signore », - « Loué sois-tu, mon Seigneur », chantait saint François d'Assise. Dans ce beau cantique, il nous rappelait que notre maison commune est aussi comme une sœur, avec laquelle nous partageons l'existence, et comme une mère, belle, qui nous accueille à bras ouverts : « Loué sois-tu, mon Seigneur, pour sœur notre mère la terre, qui nous soutient et nous gouverne, et produit divers fruits avec les fleurs colorées et l'herbe ».[1]

2. Cette sœur crie en raison des dégâts que nous lui causons par l'utilisation irresponsable et par l'abus des biens que Dieu a déposés en elle. Nous avons grandi en pensant que nous étions ses propriétaires et ses dominateurs, autorisés à l'exploiter. La violence qu'il y a dans le cœur humain blessé par le péché se manifeste aussi à travers les symptômes de maladie que nous observons dans le sol, dans l'eau, dans l'air et dans les êtres vivants. C'est pourquoi, parmi les pauvres les plus abandonnés et maltraités, se trouve notre terre opprimée et dévastée, qui «gémit en travail d'enfantement» (*Rm* 8, 22). Nous oublions que nous-mêmes, nous sommes poussière (cf. *Gn* 2, 7). Notre propre corps

[1] FRANÇOIS D'ASSISE, *Cantique des créatures*. *SC* 285, p. 343-345.

est constitué d'éléments de la planète, son air nous donne le souffle et son eau nous vivifie comme elle nous restaure.

Rien de ce monde ne nous est indifférent

3. Il y a plus de cinquante ans, quand le monde vacillait au bord d'une crise nucléaire, le Pape saint Jean XXIII a écrit une Encyclique dans laquelle il ne se contentait pas de rejeter une guerre, mais a voulu transmettre une proposition de paix. Il a adressé son message *Pacem in terris* «aux fidèles de l'univers» tout entier, mais il ajoutait «ainsi qu'à tous les hommes de bonne volonté». À présent, face à la détérioration globale de l'environnement, je voudrais m'adresser à chaque personne qui habite cette planète. Dans mon Exhortation *Evangelii gaudium*, j'ai écrit aux membres de l'Église en vue d'engager un processus de réforme missionnaire encore en cours. Dans la présente Encyclique, je me propose spécialement d'entrer en dialogue avec tous au sujet de notre maison commune.

4. Huit ans après *Pacem in terris*, en 1971, le bienheureux Pape Paul VI s'est référé à la problématique écologique, en la présentant comme une crise qui est «une conséquence...dramatique» de l'activité sans contrôle de l'être humain : «Par une exploitation inconsidérée de la nature [l'être humain] risque de la détruire et d'être à son tour la victime de cette dégradation».[2] Il a parlé également

[2] Lett. apost. *Octogesima adveniens* (14 mai 1971), n. 21 : *AAS* 63 (1971), 416-417.

à la FAO de la possibilité de «l'effet des retombées de la civilisation industrielle, [qui risquait] de conduire à une véritable catastrophe écologique», en soulignant «l'urgence et la nécessité d'un changement presque radical dans le comportement de l'humanité», parce que «les progrès scientifiques les plus extraordinaires, les prouesses techniques les plus étonnantes, la croissance économique la plus prodigieuse, si elles ne s'accompagnent d'un authentique progrès social et moral, se retournent en définitive contre l'homme».[3]

5. Saint Jean-Paul II s'est occupé de ce thème avec un intérêt toujours grandissant. Dans sa première Encyclique, il a prévenu que l'être humain semble «ne percevoir d'autres significations de son milieu naturel que celles de servir à un usage et à une consommation dans l'immédiat».[4] Par la suite, il a appelé à une *conversion écologique* globale.[5] Mais en même temps, il a fait remarquer qu'on s'engage trop peu dans «la sauvegarde des conditions morales d'une *"écologie humaine"* authentique».[6] La destruction de l'environnement humain est très grave, parce que non seulement Dieu a confié le monde à l'être humain, mais encore la vie de celui-ci est un

[3] *Discours à l'occasion du 25ème anniversaire de la FAO* (16 novembre 1970), n. 4 : *AAS* 62 (1970), 833.

[4] Lett. enc. *Redemptor hominis* (4 mars 1979), n. 15 : *AAS* 71 (1979), 287.

[5] Cf. *Catéchèse* (17 janvier 2001), n. 4 : *Insegnamenti* 24/1 (2001), 179 ; *L'Osservatore Romano*, éd. française (par la suite ORf) (23 janvier 2001), n. 4, p. 12.

[6] Lett. enc. *Centesimus annus* (1er mai 1991), n. 38 : *AAS* 83 (1991), 841.

don qui doit être protégé de diverses formes de dégradation. Toute volonté de protéger et d'améliorer le monde suppose de profonds changements dans «les styles de vie, les modèles de production et de consommation, les structures de pouvoir établies qui régissent aujourd'hui les sociétés».[7] Le développement humain authentique a un caractère moral et suppose le plein respect de la personne humaine, mais il doit aussi prêter attention au monde naturel et «tenir compte de la nature de chaque être et de ses liens mutuels dans un système ordonné».[8] Par conséquent, la capacité propre à l'être humain de transformer la réalité doit se développer sur la base du don des choses fait par Dieu à l'origine.[9]

6. Mon prédécesseur Benoît XVI a renouvelé l'invitation à «éliminer les causes structurelles des dysfonctionnements de l'économie mondiale et à corriger les modèles de croissance qui semblent incapables de garantir le respect de l'environnement».[10] Il a rappelé qu'on ne peut pas analyser le monde seulement en isolant l'un de ses aspects, parce que «le livre de la nature est unique et indivisible» et inclut, entre autres, l'environnement, la vie, la sexualité, la famille et les relations sociales. Par conséquent, «la dégradation de l'environnement est étroitement liée à la culture qui façonne la

[7] *Ibid.*, n. 58 : p. 863.

[8] Jean-Paul II, Lett. enc. *Sollicitudo rei socialis* (30 décembre 1987), n. 34 : *AAS* 80 (1988), 559.

[9] Cf. Id., Lett. enc. *Centesimus annus* (1er mai 1991), n. 37 : *AAS* 83 (1991), 840.

[10] *Discours au Corps Diplomatique accrédité près le Saint-Siège*, (8 janvier 2007) : *AAS* 99 (2007), n. 73.

communauté humaine».[11] Le Pape Benoît nous a proposé de reconnaître que l'environnement naturel est parsemé de blessures causées par notre comportement irresponsable. L'environnement social a lui aussi ses blessures. Mais toutes, au fond, sont dues au même mal, c'est-à-dire à l'idée qu'il n'existe pas de vérités indiscutables qui guident nos vies, et donc que la liberté humaine n'a pas de limites. On oublie que «l'homme n'est pas seulement une liberté qui se crée de soi. L'homme ne se crée pas lui-même. Il est esprit et volonté, mais il est aussi nature».[12] Avec une paternelle préoccupation, il nous a invités à réaliser que la création subit des préjudices, là «où nous-mêmes sommes les dernières instances, où le tout est simplement notre propriété que nous consommons uniquement pour nous-mêmes. Et le gaspillage des ressources de la Création commence là où nous ne reconnaissons plus aucune instance au-dessus de nous, mais ne voyons plus que nous-mêmes».[13]

Unis par une même préoccupation

7. Ces apports des Papes recueillent la réflexion d'innombrables scientifiques, philosophes, théologiens et organisations sociales qui ont enrichi la pensée de l'Église sur ces questions. Mais nous ne pouvons pas ignorer qu'outre l'Église catholique,

[11] Lett. enc. *Caritas in veritate* (29 juin 2009), n. 51 : *AAS* 101 (2009), 687.

[12] *Discours au Deutscher Bundestag*, Berlin (22 septembre 2011) : *AAS* 103 (2011), 664.

[13] *Discours au clergé du Diocèse de Bolzano-Bressanone* (6 août 2008) : *AAS* 100 (2008), 634.

d'autres Églises et Communautés chrétiennes – comme aussi d'autres religions – ont nourri une grande préoccupation et une précieuse réflexion sur ces thèmes qui nous préoccupent tous. Pour prendre un seul exemple remarquable, je voudrais recueillir brièvement en partie l'apport du cher Patriarche Œcuménique Bartholomée, avec qui nous partageons l'espérance de la pleine communion ecclésiale.

8. Le Patriarche Bartholomée s'est référé particulièrement à la nécessité de se repentir, chacun, de ses propres façons de porter préjudice à la planète, parce que « dans la mesure où tous nous causons de petits préjudices écologiques », nous sommes appelés à reconnaître « notre contribution – petite ou grande – à la défiguration et à la destruction de la création ».[14] Sur ce point, il s'est exprimé à plusieurs reprises d'une manière ferme et stimulante, nous invitant à reconnaître les péchés contre la création : « Que les hommes dégradent l'intégrité de la terre en provoquant le changement climatique, en dépouillant la terre de ses forêts naturelles ou en détruisant ses zones humides ; que les hommes portent préjudice à leurs semblables par des maladies en contaminant les eaux, le sol, l'air et l'environnement par des substances polluantes, tout cela, ce sont des péchés » ;[15] car « un crime contre la

[14] *Message pour la Journée de prière pour la sauvegarde de la création* (1er septembre 2012).

[15] *Discours à Santa Barbara, California* (8 novembre 1997) ;

nature est un crime contre nous-mêmes et un péché contre Dieu».[16]

9. En même temps, Bartholomée a attiré l'attention sur les racines éthiques et spirituelles des problèmes environnementaux qui demandent que nous trouvions des solutions non seulement grâce à la technique mais encore à travers un changement de la part de l'être humain, parce qu'autrement nous affronterions uniquement les symptômes. Il nous a proposé de passer de la consommation au sacrifice, de l'avidité à la générosité, du gaspillage à la capacité de partager, dans une ascèse qui «signifie apprendre à donner, et non simplement à renoncer. C'est une manière d'aimer, de passer progressivement de ce que je veux à ce dont le monde de Dieu a besoin. C'est la libération de la peur, de l'avidité, de la dépendance».[17] Nous chrétiens, en outre, nous sommes appelés à «accepter le monde comme sacrement de communion, comme manière de partager avec Dieu et avec le prochain à une échelle globale. C'est notre humble conviction que le divin et l'humain se rencontrent même dans les plus petits détails du vêtement sans coutures de la création de Dieu, jusque dans l'infime grain de poussière de notre planète».[18]

cf. John Chryssavgis, *On Earth as in Heaven: Ecological Vision and Iniciatives of Ecumenical Patriarch Bartholomew*, Bronx, New York 2012.

[16] *Ibid.*

[17] *Conférence au Monastère d'Utstein*, Norvège (23 juin 2003).

[18] *Discours au Ier Sommet de Halki : «Global Responsibility and Ecological Sustainability: Closing Remarks»*, Istanbul (20 juin 2012).

10. Je ne veux pas poursuivre cette Encyclique sans recourir à un beau modèle capable de nous motiver. J'ai pris son nom comme guide et inspiration au moment de mon élection en tant qu'Évêque de Rome. Je crois que François est l'exemple par excellence de la protection de ce qui est faible et d'une écologie intégrale, vécue avec joie et authenticité. C'est le saint patron de tous ceux qui étudient et travaillent autour de l'écologie, aimé aussi par beaucoup de personnes qui ne sont pas chrétiennes. Il a manifesté une attention particulière envers la création de Dieu ainsi qu'envers les pauvres et les abandonnés. Il aimait et était aimé pour sa joie, pour son généreux engagement et pour son cœur universel. C'était un mystique et un pèlerin qui vivait avec simplicité et dans une merveilleuse harmonie avec Dieu, avec les autres, avec la nature et avec lui-même. En lui, on voit jusqu'à quel point sont inséparables la préoccupation pour la nature, la justice envers les pauvres, l'engagement pour la société et la paix intérieure.

11. Son témoignage nous montre aussi qu'une écologie intégrale requiert une ouverture à des catégories qui transcendent le langage des mathématiques ou de la biologie, et nous orientent vers l'essence de l'humain. Tout comme cela arrive quand nous tombons amoureux d'une personne, chaque fois qu'il regardait le soleil, la lune ou les animaux même les plus petits, sa réaction était de chanter, en incorporant dans sa louange les autres créatures. Il entrait en communication avec toute la création, et il prêchait même aux fleurs «en les

invitant à louer le Seigneur, comme si elles étaient dotées de raison».[19] Sa réaction était bien plus qu'une valorisation intellectuelle ou qu'un calcul économique, parce que pour lui, n'importe quelle créature était une sœur, unie à lui par des liens d'affection. Voilà pourquoi il se sentait appelé à protéger tout ce qui existe. Son disciple saint Bonaventure rapportait que, «considérant que toutes les choses ont une origine commune, il se sentait rempli d'une tendresse encore plus grande et il appelait les créatures, aussi petites soient-elles, du nom de frère ou de sœur».[20] Cette conviction ne peut être considérée avec mépris comme un romantisme irrationnel, car elle a des conséquences sur les opinions qui déterminent notre comportement. Si nous nous approchons de la nature et de l'environnement sans cette ouverture à l'étonnement et à l'émerveillement, si nous ne parlons plus le langage de la fraternité et de la beauté dans notre relation avec le monde, nos attitudes seront celles du dominateur, du consommateur ou du pur exploiteur de ressources, incapable de fixer des limites à ses intérêts immédiats. En revanche, si nous nous sentons intimement unis à tout ce qui existe, la sobriété et le souci de protection jailliront spontanément. La pauvreté et l'austérité de saint François n'étaient pas un ascétisme purement extérieur, mais quelque chose de plus radical : un renoncement à transformer la réalité en pur objet d'usage et de domination.

[19] THOMAS DE CELANO, *Vita prima de saint François*, XXIX, 81 : *FF* 460.

[20] *Legenda Maior*, VIII, 6 : *FF* 1145.

12. D'autre part, saint François, fidèle à l'Écriture, nous propose de reconnaître la nature comme un splendide livre dans lequel Dieu nous parle et nous révèle quelque chose de sa beauté et de sa bonté : «La grandeur et la beauté des créatures font contempler, par analogie, leur Auteur» (*Sg* 13, 5), et «ce que Dieu a d'invisible depuis la création du monde, se laisse voir à l'intelligence à travers ses œuvres, son éternelle puissance et sa divinité» (*Rm* 1, 20). C'est pourquoi il demandait qu'au couvent on laisse toujours une partie du jardin sans la cultiver, pour qu'y croissent les herbes sauvages, de sorte que ceux qui les admirent puissent élever leur pensée vers Dieu, auteur de tant de beauté.[21] Le monde est plus qu'un problème à résoudre, il est un mystère joyeux que nous contemplons dans la joie et dans la louange.

Mon appel

13. Le défi urgent de sauvegarder notre maison commune inclut la préoccupation d'unir toute la famille humaine dans la recherche d'un développement durable et intégral, car nous savons que les choses peuvent changer. Le Créateur ne nous abandonne pas, jamais il ne fait marche arrière dans son projet d'amour, il ne se repent pas de nous avoir créés. L'humanité possède encore la capacité de collaborer pour construire notre maison commune. Je souhaite saluer, encourager et remercier tous ceux qui, dans les secteurs les plus

[21] Cf. THOMAS DE CELANO, V*ita Secunda de saint François*, CXXIV, 165 : *FF* 750.

variés de l'activité humaine, travaillent pour assurer la sauvegarde de la maison que nous partageons. Ceux qui luttent avec vigueur pour affronter les conséquences dramatiques de la dégradation de l'environnement sur la vie des plus pauvres dans le monde, méritent une gratitude spéciale. Les jeunes nous réclament un changement. Ils se demandent comment il est possible de prétendre construire un avenir meilleur sans penser à la crise de l'environnement et aux souffrances des exclus.

14. J'adresse une invitation urgente à un nouveau dialogue sur la façon dont nous construisons l'avenir de la planète. Nous avons besoin d'une conversion qui nous unisse tous, parce que le défi environnemental que nous vivons, et ses racines humaines, nous concernent et nous touchent tous. Le mouvement écologique mondial a déjà parcouru un long chemin, digne d'appréciation, et il a généré de nombreuses associations citoyennes qui ont aidé à la prise de conscience. Malheureusement, beaucoup d'efforts pour chercher des solutions concrètes à la crise environnementale échouent souvent, non seulement à cause de l'opposition des puissants, mais aussi par manque d'intérêt de la part des autres. Les attitudes qui obstruent les chemins de solutions, même parmi les croyants, vont de la négation du problème jusqu'à l'indifférence, la résignation facile, ou la confiance aveugle dans les solutions techniques. Il nous faut une nouvelle solidarité universelle. Comme l'ont affirmé les Évêques d'Afrique du Sud, «les talents et l'implica-

tion *de tous* sont nécessaires pour réparer les dommages causés par les abus humains à l'encontre de la création de Dieu».[22] Tous, nous pouvons collaborer comme instruments de Dieu pour la sauvegarde de la création, chacun selon sa culture, son expérience, ses initiatives et ses capacités.

15. J'espère que cette Lettre encyclique, qui s'ajoute au Magistère social de l'Église, nous aidera à reconnaître la grandeur, l'urgence et la beauté du défi qui se présente à nous. En premier lieu, je présenterai un bref aperçu des différents aspects de la crise écologique actuelle, en vue de prendre en considération les meilleurs résultats de la recherche scientifique disponible aujourd'hui, d'en faire voir la profondeur et de donner une base concrète au parcours éthique et spirituel qui suit. À partir de cet aperçu, je reprendrai certaines raisons qui se dégagent de la tradition judéo-chrétienne, afin de donner plus de cohérence à notre engagement en faveur de l'environnement. Ensuite, j'essaierai d'arriver aux racines de la situation actuelle, pour que nous ne considérions pas seulement les symptômes, mais aussi les causes les plus profondes. Nous pourrons ainsi proposer une écologie qui, dans ses différentes dimensions, incorpore la place spécifique de l'être humain dans ce monde et ses relations avec la réalité qui l'entoure. À la lumière de cette réflexion, je voudrais avancer quelques grandes lignes de dialogue et d'action qui

[22] Conférence des Évêques catholiques d'Afrique du Sud, *Pastoral Statement on the Environmental Crisis* (5 septembre 1999).

concernent aussi bien chacun de nous que la politique internationale. Enfin, puisque je suis convaincu que tout changement a besoin de motivations et d'un chemin éducatif, je proposerai quelques lignes de maturation humaine inspirées par le trésor de l'expérience spirituelle chrétienne.

16. Bien que chaque chapitre possède sa propre thématique et une méthodologie spécifique, il reprend à son tour, à partir d'une nouvelle optique, des questions importantes abordées dans les chapitres antérieurs. C'est le cas spécialement de certains axes qui traversent toute l'Encyclique. Par exemple : l'intime relation entre les pauvres et la fragilité de la planète ; la conviction que tout est lié dans le monde ; la critique du nouveau paradigme et des formes de pouvoir qui dérivent de la technologie ; l'invitation à chercher d'autres façons de comprendre l'économie et le progrès ; la valeur propre de chaque créature ; le sens humain de l'écologie ; la nécessité de débats sincères et honnêtes ; la grave responsabilité de la politique internationale et locale ; la culture du déchet et la proposition d'un nouveau style de vie. Ces thèmes ne sont jamais clos, ni ne sont laissés de côté, mais ils sont constamment repris et enrichis.

PREMIER CHAPITRE

CE QUI SE PASSE DANS NOTRE MAISON

17. Les réflexions théologiques ou philosophiques sur la situation de l'humanité et du monde, peuvent paraître un message répétitif et abstrait, si elles ne se présentent pas de nouveau à partir d'une confrontation avec le contexte actuel, en ce qu'il a d'inédit pour l'histoire de l'humanité. Voilà pourquoi avant de voir comment la foi apporte de nouvelles motivations et de nouvelles exigences face au monde dont nous faisons partie, je propose de nous arrêter brièvement pour considérer ce qui se passe dans notre maison commune.

18. L'accélération continuelle des changements de l'humanité et de la planète s'associe aujourd'hui à l'intensification des rythmes de vie et de travail, dans ce que certains appellent "*rapidación*". Bien que le changement fasse partie de la dynamique des systèmes complexes, la rapidité que les actions humaines lui imposent aujourd'hui contraste avec la lenteur naturelle de l'évolution biologique. À cela, s'ajoute le fait que les objectifs de ce changement rapide et constant ne sont pas nécessairement orientés vers le bien commun, ni vers le développement humain, durable et intégral. Le changement est quelque chose de désirable, mais il

devient préoccupant quand il en vient à détériorer le monde et la qualité de vie d'une grande partie de l'humanité.

19. Après un temps de confiance irrationnelle dans le progrès et dans la capacité humaine, une partie de la société est en train d'entrer dans une phase de plus grande prise de conscience. On observe une sensibilité croissante concernant aussi bien l'environnement que la protection de la nature, tout comme une sincère et douloureuse préoccupation grandit pour ce qui arrive à notre planète. Faisons un tour, certainement incomplet, de ces questions qui aujourd'hui suscitent notre inquiétude, et que nous ne pouvons plus mettre sous le tapis. L'objectif n'est pas de recueillir des informations ni de satisfaire notre curiosité, mais de prendre une douloureuse conscience, d'oser transformer en souffrance personnelle ce qui se passe dans le monde, et ainsi de reconnaître la contribution que chacun peut apporter.

I. Pollution et changement climatique

Pollution, ordure et culture du déchet

20. Il existe des formes de pollution qui affectent quotidiennement les personnes. L'exposition aux polluants atmosphériques produit une large gamme d'effets sur la santé, en particulier des plus pauvres, en provoquant des millions de morts prématurées. Ces personnes tombent malades, par exemple, à cause de l'inhalation de niveaux élevés de fumées provenant de la combustion qu'elles utilisent pour faire la cuisine ou pour se chauffer. À cela, s'ajoute

la pollution qui affecte tout le monde, due aux moyens de transport, aux fumées de l'industrie, aux dépôts de substances qui contribuent à l'acidification du sol et de l'eau, aux fertilisants, insecticides, fongicides, désherbants et agro-chimiques toxiques en général. La technologie, liée aux secteurs financiers, qui prétend être l'unique solution aux problèmes, de fait, est ordinairement incapable de voir le mystère des multiples relations qui existent entre les choses, et par conséquent, résout parfois un problème en en créant un autre.

21. Il faut considérer également la pollution produite par les déchets, y compris les ordures dangereuses présentes dans différents milieux. Des centaines de millions de tonnes de déchets sont produites chaque année, dont beaucoup ne sont pas biodégradables : des déchets domestiques et commerciaux, des déchets de démolition, des déchets cliniques, électroniques et industriels, des déchets hautement toxiques et radioactifs. La terre, notre maison commune, semble se transformer toujours davantage en un immense dépotoir. À plusieurs endroits de la planète, les personnes âgées ont la nostalgie des paysages d'autrefois, qui aujourd'hui se voient inondés d'ordures. Aussi bien les déchets industriels que les produits chimiques utilisés dans les villes et dans l'agriculture peuvent provoquer un effet de bio-accumulation dans les organismes des populations voisines, ce qui arrive même quand le taux de présence d'un élément toxique en un lieu est bas. Bien des fois, on prend des mesures seulement quand des effets irréversibles pour la santé des personnes se sont déjà produits.

22. Ces problèmes sont intimement liés à la culture du déchet, qui affecte aussi bien les personnes exclues que les choses, vite transformées en ordures. Réalisons, par exemple, que la majeure partie du papier qui est produit, est gaspillée et n'est pas recyclée. Il nous coûte de reconnaître que le fonctionnement des écosystèmes naturels est exemplaire : les plantes synthétisent des substances qui alimentent les herbivores ; ceux-ci à leur tour alimentent les carnivores, qui fournissent d'importantes quantités de déchets organiques, lesquels donnent lieu à une nouvelle génération de végétaux. Par contre, le système industriel n'a pas développé, en fin de cycle de production et de consommation, la capacité d'absorber et de réutiliser déchets et ordures. On n'est pas encore arrivé à adopter un modèle circulaire de production qui assure des ressources pour tous comme pour les générations futures, et qui suppose de limiter au maximum l'utilisation des ressources non renouvelables, d'en modérer la consommation, de maximiser l'efficacité de leur exploitation, de les réutiliser et de les recycler. Aborder cette question serait une façon de contrecarrer la culture du déchet qui finit par affecter la planète entière, mais nous remarquons que les progrès dans ce sens sont encore très insuffisants.

Le climat comme bien commun

23. Le climat est un bien commun, de tous et pour tous. Au niveau global, c'est un système complexe en relation avec beaucoup de conditions essentielles pour la vie humaine. Il existe un consensus scientifique très solide qui indique que nous sommes en présence d'un réchauffement préoccu-

pant du système climatique. Au cours des dernières décennies, ce réchauffement a été accompagné de l'élévation constante du niveau de la mer, et il est en outre difficile de ne pas le mettre en relation avec l'augmentation d'événements météorologiques extrêmes, indépendamment du fait qu'on ne peut pas attribuer une cause scientifiquement déterminable à chaque phénomène particulier. L'humanité est appelée à prendre conscience de la nécessité de réaliser des changements de style de vie, de production et de consommation, pour combattre ce réchauffement ou, tout au moins, les causes humaines qui le provoquent ou l'accentuent. Il y a, certes, d'autres facteurs (comme le volcanisme, les variations de l'orbite et de l'axe de la terre, le cycle solaire), mais de nombreuses études scientifiques signalent que la plus grande partie du réchauffement global des dernières décennies est due à la grande concentration de gaz à effet de serre (dioxyde de carbone, méthane, oxyde de nitrogène et autres) émis surtout à cause de l'activité humaine. En se concentrant dans l'atmosphère, ils empêchent la chaleur des rayons solaires réfléchis par la terre de se perdre dans l'espace. Cela est renforcé en particulier par le modèle de développement reposant sur l'utilisation intensive de combustibles fossiles, qui constitue le cœur du système énergétique mondial. Le fait de changer de plus en plus les utilisations du sol, principalement la déforestation pour l'agriculture, a aussi des impacts.

24. À son tour, le réchauffement a des effets sur le cycle du carbone. Il crée un cercle vicieux qui aggrave encore plus la situation, affectera la dispo-

nibilité de ressources indispensables telles que l'eau potable, l'énergie ainsi que la production agricole des zones les plus chaudes, et provoquera l'extinction d'une partie de la biodiversité de la planète. La fonte des glaces polaires et de celles des plaines d'altitude menace d'une libération à haut risque de méthane ; et la décomposition de la matière organique congelée pourrait accentuer encore plus l'émanation de dioxyde de carbone. De même, la disparition de forêts tropicales aggrave la situation, puisqu'elles contribuent à tempérer le changement climatique. La pollution produite par le dioxyde de carbone augmente l'acidité des océans et compromet la chaîne alimentaire marine. Si la tendance actuelle continuait, ce siècle pourrait être témoin de changements climatiques inédits et d'une destruction sans précédent des écosystèmes, avec de graves conséquences pour nous tous. L'élévation du niveau de la mer, par exemple, peut créer des situations d'une extrême gravité si on tient compte du fait que le quart de la population mondiale vit au bord de la mer ou très proche, et que la plupart des mégapoles sont situées en zones côtières.

25. Le changement climatique est un problème global aux graves répercussions environnementales, sociales, économiques, distributives ainsi que politiques, et constitue l'un des principaux défis actuels pour l'humanité. Les pires conséquences retomberont probablement au cours des prochaines décennies sur les pays en développement. Beaucoup de pauvres vivent dans des endroits particulièrement affectés par des phénomènes liés au réchauffement, et leurs moyens de subsistance dépendent fortement des réserves naturelles et

des services de l'écosystème, comme l'agriculture, la pêche et les ressources forestières. Ils n'ont pas d'autres activités financières ni d'autres ressources qui leur permettent de s'adapter aux impacts climatiques, ni de faire face à des situations catastrophiques, et ils ont peu d'accès aux services sociaux et à la protection. Par exemple, les changements du climat provoquent des migrations d'animaux et de végétaux qui ne peuvent pas toujours s'adapter, et cela affecte à leur tour les moyens de production des plus pauvres, qui se voient aussi obligés d'émigrer avec une grande incertitude pour leur avenir et pour l'avenir de leurs enfants. L'augmentation du nombre de migrants fuyant la misère, accrue par la dégradation environnementale, est tragique ; ces migrants ne sont pas reconnus comme réfugiés par les conventions internationales et ils portent le poids de leurs vies à la dérive, sans aucune protection légale. Malheureusement, il y a une indifférence générale face à ces tragédies qui se produisent en ce moment dans diverses parties du monde. Le manque de réactions face à ces drames de nos frères et sœurs est un signe de la perte de ce sens de responsabilité à l'égard de nos semblables, sur lequel se fonde toute société civile.

26. Beaucoup de ceux qui détiennent plus de ressources et de pouvoir économique ou politique semblent surtout s'évertuer à masquer les problèmes ou à occulter les symptômes, en essayant seulement de réduire certains impacts négatifs du changement climatique. Mais beaucoup de symptômes indiquent que ces effets ne cesseront pas d'empirer si nous maintenons les modèles actuels

de production et de consommation. Voilà pourquoi il devient urgent et impérieux de développer des politiques pour que, les prochaines années, l'émission du dioxyde de carbone et d'autres gaz hautement polluants soit réduite de façon drastique, par exemple en remplaçant l'utilisation de combustibles fossiles et en accroissant des sources d'énergie renouvelable. Dans le monde, il y a un niveau d'accès réduit à des énergies propres et renouvelables. Il est encore nécessaire de développer des technologies adéquates d'accumulation. Cependant, dans certains pays, des progrès qui commencent à être significatifs ont été réalisés, bien qu'ils soient loin d'atteindre un niveau suffisant. Il y a eu aussi quelques investissements dans les moyens de production et de transport qui consomment moins d'énergie et requièrent moins de matière première, comme dans le domaine de la construction ou de la réfection d'édifices pour en améliorer l'efficacité énergétique. Mais ces bonnes pratiques sont loin de se généraliser.

II. La question de l'eau

27. D'autres indicateurs de la situation actuelle concernent l'épuisement des ressources naturelles. Nous sommes bien conscients de l'impossibilité de maintenir le niveau actuel de consommation des pays les plus développés et des secteurs les plus riches des sociétés, où l'habitude de dépenser et de jeter atteint des niveaux inédits. Déjà les limites maximales d'exploitation de la planète ont été dépassées, sans que nous ayons résolu le problème de la pauvreté.

28. L'eau potable et pure représente une question de première importance, parce qu'elle est indispensable pour la vie humaine comme pour soutenir les écosystèmes terrestres et aquatiques. Les sources d'eau douce approvisionnent des secteurs sanitaires, agricoles et de la pêche ainsi qu'industriels. La provision d'eau est restée relativement constante pendant longtemps, mais en beaucoup d'endroits la demande dépasse l'offre durable, avec de graves conséquences à court et à long terme. De grandes villes qui ont besoin d'une importante quantité d'eau en réserve, souffrent de périodes de diminution de cette ressource, qui n'est pas toujours gérée de façon équitable et impartiale aux moments critiques. Le manque d'eau courante s'enregistre spécialement en Afrique, où de grands secteurs de la population n'ont pas accès à une eau potable sûre, ou bien souffrent de sécheresses qui rendent difficile la production d'aliments. Dans certains pays, il y a des régions qui disposent de l'eau en abondance et en même temps d'autres qui souffrent de grave pénurie.

29. Un problème particulièrement sérieux est celui de la qualité de l'eau disponible pour les pauvres, ce qui provoque beaucoup de morts tous les jours. Les maladies liées à l'eau sont fréquentes chez les pauvres, y compris les maladies causées par les micro-organismes et par des substances chimiques. La diarrhée et le choléra, qui sont liés aux services hygiéniques et à l'approvisionnement en eau impropre à la consommation, sont un facteur significatif de souffrance et de mortalité infantile. Les eaux souterraines en beaucoup

d'endroits sont menacées par la pollution que provoquent certaines activités extractives, agricoles et industrielles, surtout dans les pays où il n'y a pas de régulation ni de contrôles suffisants. Ne pensons pas seulement aux décharges des usines. Les détergents et les produits chimiques qu'utilise la population dans beaucoup d'endroits du monde continuent de se déverser dans des rivières, dans des lacs et dans des mers.

30. Tandis que la qualité de l'eau disponible se détériore constamment, il y a une tendance croissante, à certains endroits, à privatiser cette ressource limitée, transformée en marchandise sujette aux lois du marché. En réalité, *l'accès à l'eau potable et sûre est un droit humain primordial, fondamental et universel, parce qu'il détermine la survie des personnes, et par conséquent il est une condition pour l'exercice des autres droits humains*. Ce monde a une grave dette sociale envers les pauvres qui n'ont pas accès à l'eau potable, parce que *c'est leur nier le droit à la vie, enraciné dans leur dignité inaliénable*. Cette dette se règle en partie par des apports économiques conséquents pour fournir l'eau potable et l'hygiène aux plus pauvres. Mais on observe le gaspillage d'eau, non seulement dans les pays développés, mais aussi dans les pays les moins développés qui possèdent de grandes réserves. Cela montre que le problème de l'eau est en partie une question éducative et culturelle, parce que la conscience de la gravité de ces conduites, dans un contexte de grande injustice, manque.

31. Une grande pénurie d'eau provoquera l'augmentation du coût des aliments comme celle du coût de différents produits qui dépendent de son

utilisation. Certaines études ont alerté sur la possibilité de souffrir d'une pénurie aiguë d'eau dans quelques décennies, si on n'agit pas en urgence. Les impacts sur l'environnement pourraient affecter des milliers de millions de personnes, et il est prévisible que le contrôle de l'eau par de grandes entreprises mondiales deviendra l'une des principales sources de conflits de ce siècle.[23]

III. La perte de biodiversité

32. Les ressources de la terre sont aussi objet de déprédation à cause de la conception de l'économie ainsi que de l'activité commerciale et productive fondées sur l'immédiateté. La disparition de forêts et d'autres végétations implique en même temps la disparition d'espèces qui pourraient être à l'avenir des ressources extrêmement importantes, non seulement pour l'alimentation, mais aussi pour la guérison de maladies et pour de multiples services. Les diverses espèces contiennent des gènes qui peuvent être des ressources-clefs pour subvenir, à l'avenir, à certaines nécessités humaines ou pour réguler certains problèmes de l'environnement.

33. Mais il ne suffit pas de penser aux différentes espèces seulement comme à d'éventuelles "ressources" exploitables, en oubliant qu'elles ont une valeur en elles-mêmes. Chaque année, disparaissent des milliers d'espèces végétales et animales que nous ne pourrons plus connaître, que nos enfants ne pourront pas voir, perdues pour toujours.

[23] Cf. *Salut au personnel de la FAO* (20 novembre 2014) : *AAS* 106 (2014), 985.

L'immense majorité disparaît pour des raisons qui tiennent à une action humaine. À cause de nous, des milliers d'espèces ne rendront plus gloire à Dieu par leur existence et ne pourront plus nous communiquer leur propre message. Nous n'en avons pas le droit.

34. Probablement, cela nous inquiète d'avoir connaissance de l'extinction d'un mammifère ou d'un oiseau, à cause de leur visibilité plus grande. Mais, pour le bon fonctionnement des écosystèmes, les champignons, les algues, les vers, les insectes, les reptiles et l'innombrable variété de micro-organismes sont aussi nécessaires. Certaines espèces peu nombreuses, qui sont d'habitude imperceptibles, jouent un rôle fondamental pour établir l'équilibre d'un lieu. Certes, l'être humain doit intervenir quand un géo-système entre dans un état critique ; mais aujourd'hui le niveau d'intervention humaine, dans une réalité si complexe comme la nature, est tel que les constants désastres provoqués par l'être humain appellent une nouvelle intervention de sa part, si bien que l'activité humaine devient omniprésente, avec tous les risques que cela implique. Il se crée en général un cercle vicieux où l'intervention de l'être humain pour résoudre une difficulté, bien des fois, aggrave encore plus la situation. Par exemple, beaucoup d'oiseaux et d'insectes qui disparaissent à cause des agro-toxiques créés par la technologie, sont utiles à cette même agriculture et leur disparition devra être substituée par une autre intervention technologique qui produira probablement d'autres effets nocifs. Les efforts des scientifiques et des techniciens, qui essaient d'apporter des solutions aux

problèmes créés par l'être humain, sont louables et parfois admirables. Mais en regardant le monde, nous remarquons que ce niveau d'intervention humaine, fréquemment au service des finances et du consumérisme, fait que la terre où nous vivons devient en réalité moins riche et moins belle, toujours plus limitée et plus grise, tandis qu'en même temps le développement de la technologie et des offres de consommation continue de progresser sans limite. Il semble ainsi que nous prétendions substituer à une beauté, irremplaçable et irrécupérable, une autre créée par nous.

35. Quand on analyse l'impact environnemental d'une entreprise, on en considère ordinairement les effets sur le sol, sur l'eau et sur l'air, mais on n'inclut pas toujours une étude soignée de son impact sur la biodiversité, comme si la disparition de certaines espèces ou de groupes d'animaux ou de végétaux était quelque chose de peu d'importance. Les routes, les nouvelles cultures, les grillages, les barrages et d'autres constructions prennent progressivement possession des habitats, et parfois les fragmentent de telle manière que les populations d'animaux ne peuvent plus migrer ni se déplacer librement, si bien que certaines espèces sont menacées d'extinction. Il existe des alternatives qui peuvent au moins atténuer l'impact de ces ouvrages, comme la création de corridors biologiques, mais on observe cette attention et cette prévention en peu de pays. Quand on exploite commercialement certaines espèces, on n'étudie pas toujours leur forme de croissance pour éviter leur diminution excessive, avec le déséquilibre de l'écosystème qui en résulterait.

36. La sauvegarde des écosystèmes suppose un regard qui aille au-delà de l'immédiat, car lorsqu'on cherche seulement un rendement économique rapide et facile, leur préservation n'intéresse réellement personne. Mais le coût des dommages occasionnés par la négligence égoïste est beaucoup plus élevé que le bénéfice économique qui peut en être obtenu. Dans le cas de la disparition ou de graves dommages à certaines espèces, nous parlons de valeurs qui excèdent tout calcul. C'est pourquoi nous pouvons être des témoins muets de bien graves injustices, quand certains prétendent obtenir d'importants bénéfices en faisant payer au reste de l'humanité, présente et future, les coûts très élevés de la dégradation de l'environnement.

37. Quelques pays ont progressé dans la préservation efficace de certains lieux et de certaines zones – sur terre et dans les océans – où l'on interdit toute intervention humaine qui pourrait en modifier la physionomie ou en altérer la constitution originelle. Dans la préservation de la biodiversité, les spécialistes insistent sur la nécessité d'accorder une attention spéciale aux zones les plus riches en variétés d'espèces, aux espèces endémiques rares ou ayant un faible degré de protection effective. Certains endroits requièrent une protection particulière à cause de leur énorme importance pour l'écosystème mondial, ou parce qu'ils constituent d'importantes réserves d'eau et assurent ainsi d'autres formes de vie.

38. Mentionnons, par exemple, ces poumons de la planète pleins de biodiversité que sont l'Amazonie et le bassin du fleuve Congo, ou bien les

grandes surfaces aquifères et les glaciers. On n'ignore pas l'importance de ces lieux pour toute la planète et pour l'avenir de l'humanité. Les écosystèmes des forêts tropicales ont une biodiversité d'une énorme complexité, presqu'impossible à répertorier intégralement, mais quand ces forêts sont brûlées ou rasées pour développer des cultures, d'innombrables espèces disparaissent en peu d'années, quand elles ne se transforment pas en déserts arides. Cependant, un équilibre délicat s'impose, quand on parle de ces endroits, parce qu'on ne peut pas non plus ignorer les énormes intérêts économiques internationaux qui, sous prétexte de les sauvegarder, peuvent porter atteinte aux souverainetés nationales. De fait, il existe « des propositions d'internationalisation de l'Amazonie, qui servent uniquement des intérêts économiques des corporations transnationales ».[24] Elle est louable la tâche des organismes internationaux et des organisations de la société civile qui sensibilisent les populations et coopèrent de façon critique, en utilisant aussi des mécanismes de pression légitimes, pour que chaque gouvernement accomplisse son propre et intransférable devoir de préserver l'environnement ainsi que les ressources naturelles de son pays, sans se vendre à des intérêts illégitimes locaux ou internationaux.

39. Le remplacement de la flore sauvage par des aires reboisées, qui généralement sont des mono-

[24] Vème Conférence Générale de l'Épiscopat Latino-américain et des Caraïbes, *Document d'Aparecida* (29 juin 2007), n. 86.

cultures, ne fait pas ordinairement l'objet d'une analyse adéquate. En effet, ce remplacement peut affecter gravement une biodiversité qui n'est pas hébergée par les nouvelles espèces qu'on implante. Les zones humides, qui sont transformées en terrain de culture, perdent aussi l'énorme biodiversité qu'elles accueillaient. Dans certaines zones côtières, la disparition des écosystèmes constitués par les mangroves est préoccupante.

40. Les océans non seulement constituent la majeure partie de l'eau de la planète, mais aussi la majeure partie de la grande variété des êtres vivants, dont beaucoup nous sont encore inconnus et sont menacés par diverses causes. D'autre part, la vie dans les fleuves, les lacs, les mers et les océans, qui alimente une grande partie de la population mondiale, se voit affectée par l'extraction désordonnée des ressources de pêche, provoquant des diminutions drastiques de certaines espèces. Des formes sélectives de pêche, qui gaspillent une grande partie des espèces capturées, continuent encore de se développer. Les organismes marins que nous ne prenons pas en considération sont spécialement menacés, comme certaines formes de plancton qui constituent une composante très importante dans la chaîne alimentaire marine, et dont dépendent, en définitive, les espèces servant à notre subsistance.

41. En pénétrant dans les mers tropicales et subtropicales, nous trouvons les barrières de corail, qui équivalent aux grandes forêts de la terre, parce qu'elles hébergent approximativement un million d'espèces, incluant des poissons, des crabes, des

mollusques, des éponges, des algues, et autres. Déjà, beaucoup de barrières de corail dans le monde sont aujourd'hui stériles ou déclinent continuellement : «Qui a transformé le merveilleux monde marin en cimetières sous-marins dépourvus de vie et de couleurs ?».[25] Ce phénomène est dû en grande partie à la pollution qui atteint la mer, résultat de la déforestation, des monocultures agricoles, des déchets industriels et des méthodes destructives de pêche, spécialement celles qui utilisent le cyanure et la dynamite. Il s'aggrave à cause de l'élévation de la température des océans. Tout cela nous aide à réaliser comment n'importe quelle action sur la nature peut avoir des conséquences que nous ne soupçonnons pas à première vue, et que certaines formes d'exploitation de ressources se font au prix d'une dégradation qui finalement atteint *même le fond des océans*.

42. Il est nécessaire d'investir beaucoup plus dans la recherche pour mieux comprendre le comportement des écosystèmes et analyser adéquatement les divers paramètres de l'impact de toute modification importante de l'environnement. En effet, toutes les créatures sont liées, chacune doit être valorisée avec affection et admiration, et tous en tant qu'êtres, nous avons besoin les uns des autres. Chaque territoire a une responsabilité dans la sauvegarde de cette famille et devrait donc faire un inventaire détaillé des espèces qu'il héberge, afin de développer des programmes et des stra-

[25] CONFÉRENCE DES ÉVÊQUES CATHOLIQUES DES PHILIPPINES, Lettre pastorale *What is Happening to our Beautiful Land?* (29 janvier 1988).

tégies de protection, en préservant avec un soin particulier les espèces en voie d'extinction.

IV. Détérioration de la qualité de la vie humaine et dégradation sociale

43. Si nous tenons compte du fait que l'être humain est aussi une créature de ce monde, qui a le droit de vivre et d'être heureux, et qui de plus a une dignité éminente, nous ne pouvons pas ne pas prendre en considération les effets de la dégradation de l'environnement, du modèle actuel de développement et de la culture du déchet, sur la vie des personnes.

44. Aujourd'hui nous observons, par exemple, la croissance démesurée et désordonnée de beaucoup de villes qui sont devenues insalubres pour y vivre, non seulement du fait de la pollution causée par les émissions toxiques, mais aussi à cause du chaos urbain, des problèmes de transport, et de la pollution visuelle ainsi que sonore. Beaucoup de villes sont de grandes structures inefficaces qui consomment énergie et eau en excès. Certains quartiers, bien que récemment construits, sont congestionnés et désordonnés, sans espaces verts suffisants. Les habitants de cette planète ne sont pas faits pour vivre en étant toujours plus envahis par le ciment, l'asphalte, le verre et les métaux, privés du contact physique avec la nature.

45. À certains endroits, en campagne comme en ville, la privatisation des espaces a rendu difficile l'accès des citoyens à des zones particulièrement belles. À d'autres endroits, on crée des urbani-

sations "écologiques" seulement au service de quelques-uns, en évitant que les autres entrent pour perturber une tranquillité artificielle. Une ville belle et pleine d'espaces verts bien protégés se trouve ordinairement dans certaines zones "sûres", mais beaucoup moins dans des zones peu visibles, où vivent les marginalisés de la société.

46. Parmi les composantes sociales du changement global figurent les effets de certaines innovations technologiques sur le travail, l'exclusion sociale, l'inégalité dans la disponibilité et la consommation d'énergie et d'autres services, la fragmentation sociale, l'augmentation de la violence et l'émergence de nouvelles formes d'agressivité sociale, le narcotrafic et la consommation croissante de drogues chez les plus jeunes, la perte d'identité. Ce sont des signes, parmi d'autres, qui montrent que la croissance de ces deux derniers siècles n'a pas signifié sous tous ses aspects un vrai progrès intégral ni une amélioration de la qualité de vie. Certains de ces signes sont en même temps des symptômes d'une vraie dégradation sociale, d'une rupture silencieuse des liens d'intégration et de communion sociale.

47. À cela s'ajoutent les dynamiques des moyens de communication sociale et du monde digital, qui, en devenant omniprésentes, ne favorisent pas le développement d'une capacité de vivre avec sagesse, de penser en profondeur, d'aimer avec générosité. Les grands sages du passé, dans ce contexte, auraient couru le risque de voir s'éteindre leur sagesse au milieu du bruit de l'information

qui devient divertissement. Cela exige de nous un effort pour que ces moyens de communication se traduisent par un nouveau développement culturel de l'humanité, et non par une détérioration de sa richesse la plus profonde. La vraie sagesse, fruit de la réflexion, du dialogue et de la rencontre généreuse entre les personnes, ne s'obtient pas par une pure accumulation de données qui finissent par saturer et obnubiler, comme une espèce de pollution mentale. En même temps, les relations réelles avec les autres tendent à être substituées, avec tous les défis que cela implique, par un type de communication transitant par Internet. Cela permet de sélectionner ou d'éliminer les relations selon notre libre arbitre, et il naît ainsi un nouveau type d'émotions artificielles, qui ont plus à voir avec des dispositifs et des écrans qu'avec les personnes et la nature. Les moyens actuels nous permettent de communiquer et de partager des connaissances et des sentiments. Cependant, ils nous empêchent aussi parfois d'entrer en contact direct avec la détresse, l'inquiétude, la joie de l'autre et avec la complexité de son expérience personnelle. C'est pourquoi nous ne devrions pas nous étonner qu'avec l'offre écrasante de ces produits se développe une profonde et mélancolique insatisfaction dans les relations interpersonnelles, ou un isolement dommageable.

V. Inégalité planétaire

48. L'environnement humain et l'environnement naturel se dégradent ensemble, et nous ne pourrons pas affronter adéquatement la dégradation de l'environnement si nous ne prêtons pas

attention aux causes qui sont en rapport avec la dégradation humaine et sociale. De fait, la détérioration de l'environnement et celle de la société affectent d'une manière spéciale les plus faibles de la planète : «Tant l'expérience commune de la vie ordinaire que l'investigation scientifique démontrent que ce sont les pauvres qui souffrent davantage des plus graves effets de toutes les agressions environnementales».[26] Par exemple, l'épuisement des réserves de poissons nuit spécialement à ceux qui vivent de la pêche artisanale et n'ont pas les moyens de la remplacer ; la pollution de l'eau touche particulièrement les plus pauvres qui n'ont pas la possibilité d'acheter de l'eau en bouteille, et l'élévation du niveau de la mer affecte principalement les populations côtières appauvries qui n'ont pas où se déplacer. L'impact des dérèglements actuels se manifeste aussi à travers la mort prématurée de beaucoup de pauvres, dans les conflits générés par manque de ressources et à travers beaucoup d'autres problèmes qui n'ont pas assez d'espace dans les agendas du monde.[27]

49. Je voudrais faire remarquer que souvent on n'a pas une conscience claire des problèmes qui affectent particulièrement les exclus. Ils sont la majeure partie de la planète, des milliers de millions de personnes. Aujourd'hui, ils sont présents

[26] Conférence épiscopale bolivienne, Lettre pastorale sur l'environnement et le développement humain en Bolivie *El universo, don de Dios para la vida* (2012), 17.

[27] Cf. Conférence épiscopale allemande : Commission pour les affaires sociales, *Der Klimawandel: Brennpunkt globaler, intergenerationeller und ökologischer Gerechtigkeit* (septembre 2006), 28-30.

dans les débats politiques et économiques internationaux, mais il semble souvent que leurs problèmes se posent comme un appendice, comme une question qui s'ajoute presque par obligation ou de manière marginale, quand on ne les considère pas comme un pur dommage collatéral. De fait, au moment de l'action concrète, ils sont relégués fréquemment à la dernière place. Cela est dû en partie au fait que beaucoup de professionnels, de leaders d'opinion, de moyens de communication et de centres de pouvoir sont situés loin d'eux, dans des zones urbaines isolées, sans contact direct avec les problèmes des exclus. Ceux-là vivent et réfléchissent à partir de la commodité d'un niveau de développement et à partir d'une qualité de vie qui ne sont pas à la portée de la majorité de la population mondiale. Ce manque de contact physique et de rencontre, parfois favorisé par la désintégration de nos villes, aide à tranquilliser la conscience et à occulter une partie de la réalité par des analyses biaisées. Ceci cohabite parfois avec un discours "vert". Mais aujourd'hui, nous ne pouvons pas nous empêcher de reconnaître qu'*une vraie approche écologique se transforme toujours en une approche sociale*, qui doit intégrer la justice dans les discussions sur l'environnement, pour écouter *tant la clameur de la terre que la clameur des pauvres.*

50. Au lieu de résoudre les problèmes des pauvres et de penser à un monde différent, certains se contentent seulement de proposer une réduction de la natalité. Les pressions internationales sur les pays en développement ne manquent pas, conditionnant des aides économiques à certaines politiques de "santé reproductive". Mais «s'il est vrai

que la répartition inégale de la population et des ressources disponibles crée des obstacles au développement et à l'utilisation durable de l'environnement, il faut reconnaître que la croissance démographique est pleinement compatible avec un développement intégral et solidaire».[28] Accuser l'augmentation de la population et non le consumérisme extrême et sélectif de certains est une façon de ne pas affronter les problèmes. On prétend légitimer ainsi le modèle de distribution actuel où une minorité se croit le droit de consommer dans une proportion qu'il serait impossible de généraliser, parce que la planète ne pourrait même pas contenir les déchets d'une telle consommation. En outre, nous savons qu'on gaspille approximativement un tiers des aliments qui sont produits, et «que lorsque l'on jette de la nourriture, c'est comme si l'on volait la nourriture à la table du pauvre».[29] De toute façon, il est certain qu'il faut prêter attention au déséquilibre de la distribution de la population sur le territoire, tant au niveau national qu'au niveau global, parce que l'augmentation de la consommation conduirait à des situations régionales complexes, à cause des combinaisons de problèmes liés à la pollution environnementale, au transport, au traitement des déchets, à la perte de ressources et à la qualité de vie, entre autres.

51. L'inégalité n'affecte pas seulement les individus, mais aussi des pays entiers, et oblige à penser

[28] Conseil Pontifical «Justice et Paix», *Compendium de la Doctrine Sociale de l'Église*, n. 483.

[29] *Catéchèse* (5 juin 2013) : *Insegnamenti* 1/1 (2013), 280 ; OR*f* (5 juin 2013), n. 23, p. 3.

à une éthique des relations internationales. Il y a, en effet, une vraie "dette écologique", particulièrement entre le Nord et le Sud, liée à des déséquilibres commerciaux, avec des conséquences dans le domaine écologique, et liée aussi à l'utilisation disproportionnée des ressources naturelles, historiquement pratiquée par certains pays. Les exportations de diverses matières premières pour satisfaire les marchés du Nord industrialisé ont causé des dommages locaux, comme la pollution par le mercure dans l'exploitation de l'or ou par le dioxyde de souffre dans l'exploitation du cuivre. Il faut spécialement tenir compte de l'utilisation de l'espace environnemental de toute la planète, quand il s'agit de stocker les déchets gazeux qui se sont accumulés durant deux siècles et ont généré une situation qui affecte actuellement tous les pays du monde. Le réchauffement causé par l'énorme consommation de certains pays riches a des répercussions sur les régions les plus pauvres de la terre, spécialement en Afrique, où l'augmentation de la température jointe à la sécheresse fait des ravages au détriment du rendement des cultures. À cela, s'ajoutent les dégâts causés par l'exportation vers les pays en développement des déchets solides ainsi que de liquides toxiques, et par l'activité polluante d'entreprises qui s'autorisent dans les pays moins développés ce qu'elles ne peuvent dans les pays qui leur apportent le capital : «Nous constatons que souvent les entreprises qui agissent ainsi sont des multinationales, qui font ici ce qu'on ne leur permet pas dans des pays développés ou du dénommé premier monde. Généralement, en cessant leurs activités et en se retirant, elles laissent de grands passifs humains et environnementaux tels que le chômage, des populations sans vie, l'épuisement de certaines réserves naturelles, la déforestation, l'appauvrissement de l'agriculture et de l'élevage local, des cratères, des coteaux triturés, des fleuves contaminés et quelques œuvres sociales qu'on ne peut plus maintenir».[30]

52. La dette extérieure des pays pauvres s'est transformée en un instrument de contrôle, mais il n'en est pas de même avec la dette écologique. De diverses manières, les peuples en développement, où se trouvent les plus importantes réserves de la biosphère, continuent d'alimenter le développement des pays les plus riches au prix de leur présent et de leur avenir. La terre des pauvres du Sud est riche et peu polluée, mais l'accès à la propriété des biens et aux ressources pour satisfaire les besoins vitaux leur est interdit par un système de relations commerciales et de propriété structurellement pervers. Il faut que les pays développés contribuent à solder cette dette, en limitant de manière significative la consommation de l'énergie non renouvelable et en apportant des ressources aux pays qui ont le plus de besoins, pour soutenir des politiques et des programmes de développement durable. Les régions et les pays les plus pauvres ont moins de possibilités pour adopter de nouveaux modèles en vue de réduire l'impact des activités de l'homme sur l'environnement, parce qu'ils n'ont pas la formation pour développer les processus nécessaires, et ils ne peuvent pas en assumer les coûts. C'est pourquoi il faut maintenir claire la conscience que, dans le chan-

[30] Évêques de la région de Patagonie-Comahue (Argentine), *Mensaje de Navidad* (décembre 2009), 2.

gement climatique, il y a des *responsabilités diversifiées* et, comme l'ont exprimé les Évêques des États-Unis, on doit se concentrer « spécialement sur les besoins des pauvres, des faibles et des vulnérables, dans un débat souvent dominé par les intérêts les plus puissants ».[31] Nous avons besoin de renforcer la conscience que nous sommes une seule famille humaine. Il n'y a pas de frontières ni de barrières politiques ou sociales qui nous permettent de nous isoler, et pour cela même il n'y a pas non plus de place pour la globalisation de l'indifférence.

VI. La faiblesse des réactions

53. Ces situations provoquent les gémissements de sœur terre, qui se joignent au gémissement des abandonnés du monde, dans une clameur exigeant de nous une autre direction. Nous n'avons jamais autant maltraité ni fait de mal à notre maison commune qu'en ces deux derniers siècles. Mais nous sommes appelés à être les instruments de Dieu le Père pour que notre planète soit ce qu'il a rêvé en la créant, et pour qu'elle réponde à son projet de paix, de beauté et de plénitude. Le problème est que nous n'avons pas encore la culture nécessaire pour faire face à cette crise ; et il faut construire des leaderships qui tracent des chemins, en cherchant à répondre aux besoins des générations actuelles comme en incluant tout le monde, sans nuire aux générations futures. Il devient indispen-

[31] Conférence des Évêques catholiques des Etats-Unis d'Amérique, *Global Climate Change: A Plea for Dialogue, Prudence and the Common Good* (15 juin 2001).

sable de créer un système normatif qui implique des limites infranchissables et assure la protection des écosystèmes, avant que les nouvelles formes de pouvoir dérivées du paradigme techno-économique ne finissent par raser non seulement la politique mais aussi la liberté et la justice.

54. La faiblesse de la réaction politique internationale est frappante. La soumission de la politique à la technologie et aux finances se révèle dans l'échec des Sommets mondiaux sur l'environnement. Il y a trop d'intérêts particuliers, et très facilement l'intérêt économique arrive à prévaloir sur le bien commun et à manipuler l'information pour ne pas voir affectés ses projets. En ce sens, le *Document d'Aparecida* réclame que « dans les interventions sur les ressources naturelles ne prédominent pas les intérêts des groupes économiques qui ravagent déraisonnablement les sources de la vie ».[32] L'alliance entre l'économie et la technologie finit par laisser de côté ce qui ne fait pas partie de leurs intérêts immédiats. Ainsi, on peut seulement s'attendre à quelques déclarations superficielles, quelques actions philanthropiques isolées, voire des efforts pour montrer une sensibilité envers l'environnement, quand, en réalité, toute tentative des organisations sociales pour modifier les choses sera vue comme une gêne provoquée par des utopistes romantiques ou comme un obstacle à contourner.

[32] Vème Conférence générale de l'épiscopat latino-américain et des Caraïbes, *Document d'Aparecida* (29 juin 2007), 471.

55. Peu à peu certains pays peuvent enregistrer des progrès importants, le développement de contrôles plus efficaces et une lutte plus sincère contre la corruption. Il y a plus de sensibilité écologique de la part des populations, bien que cela ne suffise pas pour modifier les habitudes nuisibles de consommation, qui ne semblent pas céder mais s'amplifient et se développent. C'est ce qui arrive, pour donner seulement un exemple simple, avec l'augmentation croissante de l'utilisation et de l'intensité des climatiseurs. Les marchés, en cherchant un gain immédiat, stimulent encore plus la demande. Si quelqu'un observait de l'extérieur la société planétaire, il s'étonnerait face à un tel comportement qui semble parfois suicidaire.

56. Pendant ce temps, les pouvoirs économiques continuent de justifier le système mondial actuel, où priment une spéculation et une recherche du revenu financier qui tendent à ignorer tout contexte, de même que les effets sur la dignité humaine et sur l'environnement. Ainsi, il devient manifeste que la dégradation de l'environnement comme la dégradation humaine et éthique sont intimement liées. Beaucoup diront qu'ils n'ont pas conscience de réaliser des actions immorales, parce que la distraction constante nous ôte le courage de nous rendre compte de la réalité d'un monde limité et fini. Voilà pourquoi aujourd'hui «tout ce qui est fragile, comme l'environnement, reste sans défense par rapport aux intérêts du marché divinisé, transformés en règle absolue».[33]

[33] Exhort. apost. *Evangelii gaudium* (24 novembre 2013), n. 56 : *AAS* 105 (2013), 1043.

57. Il est prévisible que, face à l'épuisement de certaines ressources, se crée progressivement un scénario favorable à de nouvelles guerres, déguisées en revendications nobles. La guerre produit toujours de graves dommages à l'environnement comme à la richesse culturelle des populations, et les risques deviennent gigantesques quand on pense aux armes nucléaires ainsi qu'aux armes biologiques. En effet, «malgré l'interdiction par des accords internationaux de la guerre chimique, bactériologique et biologique, en réalité la recherche continue dans les laboratoires pour développer de nouvelles armes offensives capables d'altérer les équilibres naturels».[34] Une plus grande attention est requise de la part de la politique pour prévenir et pour s'attaquer aux causes qui peuvent provoquer de nouveaux conflits. Mais c'est le pouvoir lié aux secteurs financiers qui résiste le plus à cet effort, et les projets politiques n'ont pas habituellement de largeur de vue. Pourquoi veut-on préserver aujourd'hui un pouvoir qui laissera dans l'histoire le souvenir de son incapacité à intervenir quand il était urgent et nécessaire de le faire ?

58. Dans certains pays, il y a des exemples positifs de réussites dans les améliorations de l'environnement tels que l'assainissement de certaines rivières polluées durant de nombreuses décennies, ou la récupération de forêts autochtones, ou l'embellissement de paysages grâce à des œuvres d'assainissement environnemental, ou des projets de construction de bâtiments de grande valeur esthétique, ou

[34] Jean-Paul II, *Message pour la Journée Mondiale de la Paix 1990*, n. 12 : *AAS* 82 (1990), 154.

encore, par exemple, grâce à des progrès dans la production d'énergie non polluante, dans les améliorations du transport public. Ces actions ne résolvent pas les problèmes globaux, mais elles confirment que l'être humain est encore capable d'intervenir positivement. Comme il a été créé pour aimer, du milieu de ses limites, jaillissent inévitablement des gestes de générosité, de solidarité et d'attention.

59. En même temps, une écologie superficielle ou apparente se développe, qui consolide un certain assoupissement et une joyeuse irresponsabilité. Comme cela arrive ordinairement aux époques de crises profondes, qui requièrent des décisions courageuses, nous sommes tentés de penser que ce qui est en train de se passer n'est pas certain. Si nous regardons les choses en surface, au-delà de quelques signes visibles de pollution et de dégradation, il semble qu'elles ne soient pas si graves et que la planète pourrait subsister longtemps dans les conditions actuelles. Ce comportement évasif nous permet de continuer à maintenir nos styles de vie, de production et de consommation. C'est la manière dont l'être humain s'arrange pour alimenter tous les vices autodestructifs : en essayant de ne pas les voir, en luttant pour ne pas les reconnaître, en retardant les décisions importantes, en agissant comme si de rien n'était.

VII. Diversité d'opinions

60. Finalement, reconnaissons que diverses visions et lignes de pensée se sont développées à propos de la situation et des solutions possibles. À l'extrême, d'un côté, certains soutiennent à tout prix le mythe du progrès et affirment que les pro-

blèmes écologiques seront résolus simplement grâce à de nouvelles applications techniques, sans considérations éthiques ni changements de fond. De l'autre côté, d'autres pensent que, à travers n'importe laquelle de ses interventions, l'être humain ne peut être qu'une menace et nuire à l'écosystème mondial, raison pour laquelle il conviendrait de réduire sa présence sur la planète et d'empêcher toute espèce d'intervention de sa part. Entre ces deux extrêmes, la réflexion devrait identifier de possibles scénarios futurs, parce qu'il n'y a pas une seule issue. Cela donnerait lieu à divers apports qui pourraient entrer dans un dialogue en vue de réponses intégrales.

61. Sur beaucoup de questions concrètes, en principe, l'Église n'a pas de raison de proposer une parole définitive et elle comprend qu'elle doit écouter puis promouvoir le débat honnête entre scientifiques, en respectant la diversité d'opinions. Mais il suffit de regarder la réalité avec sincérité pour constater qu'il y a une grande détérioration de notre maison commune. L'espérance nous invite à reconnaître qu'il y a toujours une voie de sortie, que nous pouvons toujours repréciser le cap, que nous pouvons toujours faire quelque chose pour résoudre les problèmes. Cependant, des symptômes d'un point de rupture semblent s'observer, à cause de la rapidité des changements et de la dégradation, qui se manifestent tant dans des catastrophes naturelles régionales que dans des crises sociales ou même financières, étant donné que les problèmes du monde ne peuvent pas être analysés ni s'expliquer de façon isolée. Certaines régions sont déjà particulièrement en danger et,

indépendamment de toute prévision catastrophiste, il est certain que l'actuel système mondial est insoutenable de divers points de vue, parce que nous avons cessé de penser aux fins de l'action humaine : «Si le regard parcourt les régions de notre planète, il s'aperçoit immédiatement que l'humanité a déçu l'attente divine».[35]

[35] Id., *Catéchèse* (17 janvier 2001), 3 : *Insegnamenti* 24/1 (2001) ; OR*f* (23 janvier 2001) n. 4, p. 12.

DEUXIEME CHAPITRE

L'EVANGILE DE LA CREATION

62. Pourquoi inclure dans ce texte, adressé à toutes les personnes de bonne volonté, un chapitre qui fait référence à des convictions de foi ? Je n'ignore pas que, dans les domaines de la politique et de la pensée, certains rejettent avec force l'idée d'un Créateur, ou bien la considèrent comme sans importance au point de reléguer dans le domaine de l'irrationnel la richesse que les religions peuvent offrir pour une écologie intégrale et pour un développement plénier de l'humanité. D'autres fois on considère qu'elles sont une sous-culture qui doit seulement être tolérée. Cependant, la science et la religion, qui proposent des approches différentes de la réalité, peuvent entrer dans un dialogue intense et fécond pour toutes deux.

I. La lumière qu'offre la foi

63. Si nous prenons en compte la complexité de la crise écologique et ses multiples causes, nous devrons reconnaître que les solutions ne peuvent pas venir d'une manière unique d'interpréter et de transformer la réalité. Il est nécessaire d'avoir aussi recours aux diverses richesses culturelles des peuples, à l'art et à la poésie, à la vie intérieure et à la spiritualité. Si nous cherchons vraiment à construire une écologie qui nous permette de restaurer tout ce que nous avons détruit, alors aucune

branche des sciences et aucune forme de sagesse ne peut être laissée de côté, la sagesse religieuse non plus, avec son langage propre. De plus, l'Église catholique est ouverte au dialogue avec la pensée philosophique, et cela lui permet de produire diverses synthèses entre foi et raison. En ce qui concerne les questions sociales, cela peut se constater dans le développement de la doctrine sociale de l'Église, qui est appelée à s'enrichir toujours davantage à partir des nouveaux défis.

64. Par ailleurs, même si cette Encyclique s'ouvre au dialogue avec tous pour chercher ensemble des chemins de libération, je veux montrer dès le départ comment les convictions de la foi offrent aux chrétiens, et aussi à d'autres croyants, de grandes motivations pour la protection de la nature et des frères et sœurs les plus fragiles. Si le seul fait d'être humain pousse les personnes à prendre soin de l'environnement dont elles font partie, « les chrétiens, notamment, savent que leurs devoirs à l'intérieur de la création et leurs devoirs à l'égard de la nature et du Créateur font partie intégrante de leur foi ».[36] Donc, c'est un bien pour l'humanité et pour le monde que nous, les croyants, nous reconnaissions mieux les engagements écologiques qui jaillissent de nos convictions.

II. La sagesse des récits bibliques

65. Sans répéter ici l'entière théologie de la création, nous nous demandons ce que disent les

[36] Jean-Paul II, *Message pour la Journée Mondiale de la Paix 1990*, n. 15 : *AAS* 82 (1990), 156.

grands récits bibliques sur la création et sur la relation entre l'être humain et le monde. Dans le premier récit de l'œuvre de la création, dans le livre de la Genèse, le plan de Dieu inclut la création de l'humanité. Après la création de l'être humain, il est dit que «Dieu vit tout ce qu'il avait fait : cela était très bon» (*Gn* 1, 31). La Bible enseigne que chaque être humain est créé par amour, à l'image et à la ressemblance de Dieu (cf. *Gn* 1, 26). Cette affirmation nous montre la très grande dignité de toute personne humaine, qui «n'est pas seulement quelque chose, mais quelqu'un. Elle est capable de se connaître, de se posséder, et de librement se donner et entrer en communion avec d'autres personnes».[37] Saint Jean-Paul II a rappelé que l'amour très particulier que le Créateur a pour chaque être humain lui confère une dignité infinie.[38] Ceux qui s'engagent dans la défense de la dignité des personnes peuvent trouver dans la foi chrétienne les arguments les plus profonds pour cet engagement. Quelle merveilleuse certitude de savoir que la vie de toute personne ne se perd pas dans un chaos désespérant, dans un monde gouverné par le pur hasard ou par des cycles qui se répètent de manière absurde ! Le Créateur peut dire à chacun de nous : «Avant même de te former au ventre maternel, je t'ai connu» (*Jr* 1, 5). Nous avons été conçus dans le cœur de Dieu, et donc, « chacun de nous est le fruit d'une pensée

[37] *Catéchisme de l'Église Catholique*, n. 357.

[38] Cf. *Angelus* à Osnabrück (Allemagne) avec des personnes vivant des situations de handicap (16 novembre 1980) : *Insegnamenti* 3/2 (1980), 1232 ; OR*f* (18 novembre 1980), n. 47, p. 3.

de Dieu. Chacun de nous est voulu, chacun est aimé, chacun est nécessaire ».[39]

66. Les récits de la création dans le livre de la Genèse contiennent, dans leur langage symbolique et narratif, de profonds enseignements sur l'existence humaine et sur sa réalité historique. Ces récits suggèrent que l'existence humaine repose sur trois relations fondamentales intimement liées : la relation avec Dieu, avec le prochain, et avec la terre. Selon la Bible, les trois relations vitales ont été rompues, non seulement à l'extérieur, mais aussi à l'intérieur de nous. Cette rupture est le péché. L'harmonie entre le Créateur, l'humanité et l'ensemble de la création a été détruite par le fait d'avoir prétendu prendre la place de Dieu, en refusant de nous reconnaître comme des créatures limitées. Ce fait a dénaturé aussi la mission de « soumettre » la terre (cf. *Gn* 1, 28), de « la cultiver et la garder » (*Gn* 2, 15). Comme résultat, la relation, harmonieuse à l'origine entre l'être humain et la nature, est devenue conflictuelle (cf. *Gn* 3, 17-19). Pour cette raison, il est significatif que l'harmonie que vivait saint François d'Assise avec toutes les créatures ait été interprétée comme une guérison de cette rupture. Saint Bonaventure disait que par la réconciliation universelle avec toutes les créatures, d'une certaine manière, François retournait à l'état d'innocence.[40] Loin de ce

[39] Benoît XVI, *Homélie de la messe inaugurale du ministère pétrinien* (24 avril 2005) : *AAS* 97 (2005), 711.

[40] Cf. *Legenda Maior*, VIII, 1 : *FF* 1134.

modèle, le péché aujourd'hui se manifeste, avec toute sa force de destruction, dans les guerres, sous diverses formes de violence et de maltraitance, dans l'abandon des plus fragiles, dans les agressions contre la nature.

67. Nous ne sommes pas Dieu. La terre nous précède et nous a été donnée. Cela permet de répondre à une accusation lancée contre la pensée judéo-chrétienne : il a été dit que, à partir du récit de la Genèse qui invite à "dominer" la terre (cf. *Gn* 1, 28), on favoriserait l'exploitation sauvage de la nature en présentant une image de l'être humain comme dominateur et destructeur. Ce n'est pas une interprétation correcte de la Bible, comme la comprend l'Église. S'il est vrai que, parfois, nous les chrétiens avons mal interprété les Écritures, nous devons rejeter aujourd'hui avec force que, du fait d'avoir été créés à l'image de Dieu et de la mission de dominer la terre, découle pour nous une domination absolue sur les autres créatures. Il est important de lire les textes bibliques dans leur contexte, avec une herméneutique adéquate, et de se souvenir qu'ils nous invitent à "cultiver et garder" le jardin du monde (cf. *Gn* 2, 15). Alors que "cultiver" signifie labourer, défricher ou travailler, "garder" signifie protéger, sauvegarder, préserver, soigner, surveiller. Cela implique une relation de réciprocité responsable entre l'être humain et la nature. Chaque communauté peut prélever de la bonté de la terre ce qui lui est nécessaire pour survivre, mais elle a aussi le devoir de la sauvegarder et de garantir la continuité de sa fertilité pour les géné-

rations futures ; car, en définitive, « au Seigneur la terre » (*Ps* 24, 1), à lui appartiennent « la terre et tout ce qui s'y trouve » (*Dt* 10, 14). Pour cette raison, Dieu dénie toute prétention de propriété absolue : « La terre ne sera pas vendue avec perte de tout droit, car la terre m'appartient, et vous n'êtes pour moi que des étrangers et des hôtes » (*Lv* 25, 23).

68. Cette responsabilité vis-à-vis d'une terre qui est à Dieu implique que l'être humain, doué d'intelligence, respecte les lois de la nature et les délicats équilibres entre les êtres de ce monde, parce que « lui commanda, eux furent créés, il les posa pour toujours et à jamais sous une loi qui jamais ne passera » (*Ps* 148, 5b-6). C'est pourquoi la législation biblique s'attarde à proposer à l'être humain diverses normes, non seulement en relation avec ses semblables, mais aussi en relation avec les autres êtres vivants : « Si tu vois tomber en chemin l'âne ou le bœuf de ton frère, tu ne te déroberas pas […] Si tu rencontres en chemin un nid avec des oisillons ou des œufs, sur un arbre ou par terre, et que la mère soit posée sur les oisillons ou les œufs, tu ne prendras pas la mère sur les petits » (*Dt* 22, 4.6). Dans cette perspective, le repos du septième jour n'est pas proposé seulement à l'être humain, mais aussi « afin que se reposent ton âne et ton bœuf » (*Ex* 23, 12). Nous nous apercevons ainsi que la Bible ne donne pas lieu à un anthropocentrisme despotique qui se désintéresserait des autres créatures.

69. En même temps que nous pouvons faire un usage responsable des choses, nous sommes appelés à reconnaître que les autres êtres vivants ont une valeur propre devant Dieu et, « par leur simple existence ils le bénissent et lui rendent gloire »[41], puisque «le Seigneur se réjouit en ses œuvres» (*Ps* 104, 31). Précisément en raison de sa dignité unique et par le fait d'être doué d'intelligence, l'être humain est appelé à respecter la création avec ses lois internes, car « le Seigneur, par la sagesse, a fondé la terre » (*Pr* 3, 19). Aujourd'hui l'Église ne dit pas seulement que les autres créatures sont complètement subordonnées au bien de l'homme, comme si elles n'avaient aucune valeur en elles-mêmes et que nous pouvions en disposer à volonté. Pour cette raison, les Évêques d'Allemagne ont enseigné au sujet des autres créatures qu'«on pourrait parler de la priorité de l'*être* sur *le fait d'être utile* »[42]. Le Catéchisme remet en cause, de manière très directe et insistante, ce qui serait un anthropocentrisme déviant : « Chaque créature possède sa bonté et sa perfection propres [...] Les différentes créatures, voulues en leur être propre, reflètent, chacune à sa façon, un rayon de la sagesse et de la bonté infinies de Dieu. C'est pour cela que l'homme doit respecter la bonté propre de chaque créature pour éviter un usage désordonné des choses ».[43]

[41] *Catéchisme de l'Église Catholique*, n. 2416.

[42] Conférence épiscopale allemande, *Zukunft der Schöpfung – Zukunft der Menschheit. Erklärung der Deutschen Bischofskonferenz zu Fragen der Umwelt und der Energieversorgung* (1980), II, 2.

[43] *Catéchisme de l'Église Catholique*, n. 339.

70. Dans le récit concernant Caïn et Abel, nous voyons que la jalousie a conduit Caïn à commettre l'injustice extrême contre son frère. Ce qui a provoqué à son tour une rupture de la relation entre Caïn et Dieu, et entre Caïn et la terre dont il a été exilé. Ce passage est résumé dans la conversation dramatique entre Dieu et Caïn. Dieu demande : « Où est ton frère Abel ? ». Caïn répond qu'il ne sait pas et Dieu insiste : « Qu'as-tu fait ? Écoute le sang de ton frère crier vers moi du sol ! Maintenant, sois maudit et chassé du sol fertile » (*Gn* 4, 9-11). La négligence dans la charge de cultiver et de garder une relation adéquate avec le voisin, envers lequel j'ai le devoir d'attention et de protection, détruit ma relation intérieure avec moi-même, avec les autres, avec Dieu et avec la terre. Quand toutes ces relations sont négligées, quand la justice n'habite plus la terre, la Bible nous dit que toute la vie est en danger. C'est ce que nous enseigne le récit sur Noé, quand Dieu menace d'exterminer l'humanité en raison de son incapacité constante à vivre à la hauteur des exigences de justice et de paix : « La fin de toute chair est arrivée, je l'ai décidé, car la terre est pleine de violence à cause des hommes » (*Gn* 6, 13). Dans ces récits si anciens, emprunts de profond symbolisme, une conviction actuelle était déjà présente : tout est lié, et la protection authentique de notre propre vie comme de nos relations avec la nature est inséparable de la fraternité, de la justice ainsi que de la fidélité aux autres.

71. Même si « la méchanceté de l'homme était grande sur la terre » (*Gn* 6, 5) et que Dieu « se

repentit d'avoir fait l'homme sur la terre» (*Gn* 6, 6), il a cependant décidé d'ouvrir un chemin de salut à travers Noé qui était resté intègre et juste. Ainsi, il a donné à l'humanité la possibilité d'un nouveau commencement. Il suffit d'un être humain bon pour qu'il y ait de l'espérance ! La tradition biblique établit clairement que cette réhabilitation implique la redécouverte et le respect des rythmes inscrits dans la nature par la main du Créateur. Cela se voit, par exemple, dans la loi sur le *Sabbat*. Le septième jour, Dieu se reposa de toutes ses œuvres. Il ordonna à Israël que chaque septième jour soit un jour de repos, un *Sabbat* (cf. *Gn* 2, 2-3 ; *Ex* 16, 23 ; 20, 10). Par ailleurs, une année sabbatique fut également instituée pour Israël et sa terre, tous les sept ans (cf. *Lv* 25, 1-4), pendant laquelle un repos complet était accordé à la terre ; on ne semait pas, on moissonnait seulement ce qui était indispensable pour subsister et offrir l'hospitalité (cf. *Lv* 25, 4-6). Enfin, passées sept semaines d'années, c'est-à-dire quarante-neuf ans, le Jubilé était célébré, année de pardon universel et d'« affranchissement de tous les habitants » (*Lv* 25, 10). Le développement de cette législation a cherché à assurer l'équilibre et l'équité dans les relations de l'être humain avec ses semblables et avec la terre où il vivait et travaillait. Mais en même temps c'était une reconnaissance que le don de la terre, avec ses fruits, appartient à tout le peuple. Ceux qui cultivaient et gardaient le territoire devaient en partager les fruits, spécialement avec les pauvres, les veuves, les orphelins et les étrangers : « Lorsque vous récolterez la moisson de votre pays, vous ne moissonnerez pas jusqu'à l'extrême bout du champ.

Tu ne glaneras pas ta moisson, tu ne grappilleras pas ta vigne et tu ne ramasseras pas les fruits tombés dans ton verger. Tu les abandonneras au pauvre et à l'étranger» (*Lv* 19, 9-10).

72. Les Psaumes invitent souvent l'être humain à louer le Dieu créateur : «qui affermit la terre sur les eaux, car éternel est son amour !» (*Ps* 136, 6). Mais ils invitent aussi les autres créatures à le louer : « Louez-le Soleil et Lune, louez-le, tous les astres de lumière ; louez-le, cieux des cieux, et les eaux par-dessus les cieux ! Qu'ils louent le nom du Seigneur : lui commanda et ils furent créés» (*Ps* 148, 3-5). Nous existons non seulement par le pouvoir de Dieu, mais aussi face à lui et près de lui. C'est pourquoi nous l'adorons.

73. Les écrits des prophètes invitent à retrouver la force dans les moments difficiles en contemplant le Dieu tout-puissant qui a créé l'univers. Le pouvoir infini de Dieu ne nous porte pas à fuir sa tendresse paternelle, parce qu'en lui affection et vigueur se conjuguent. De fait, toute saine spiritualité implique en même temps d'accueillir l'amour de Dieu, et d'adorer avec confiance le Seigneur pour sa puissance infinie. Dans la Bible, le Dieu qui libère et sauve est le même qui a créé l'univers, et ces deux modes divins d'agir sont intimement et inséparablement liés : « Ah Seigneur, voici que tu as fait le ciel et la terre par ta grande puissance et ton bras étendu. À toi, rien n'est impossible ! [...] Tu fis sortir ton peuple Israël du pays d'Égypte par signes et prodiges »

(*Jr* 32, 17.21). « Le Seigneur est un Dieu éternel, créateur des extrémités de la terre. Il ne se fatigue ni ne se lasse, insondable est son intelligence. Il donne la force à celui qui est fatigué, à celui qui est sans vigueur il prodigue le réconfort » (*Is* 40, 28b-29).

74. L'expérience de la captivité à Babylone a engendré une crise spirituelle qui a favorisé un approfondissement de la foi en Dieu, explicitant sa toute-puissance créatrice, pour exhorter le peuple à retrouver l'espérance dans sa situation malheureuse. Des siècles plus tard, en un autre moment d'épreuves et de persécution, quand l'Empire romain cherchait à imposer une domination absolue, les fidèles retrouvaient consolation et espérance en grandissant dans la confiance au Dieu tout-puissant, et ils chantaient : « Grandes et merveilleuses sont tes œuvres, Seigneur, Dieu Maître-de-tout ; justes et droites sont tes voies, ô Roi des nations » (*Ap* 15, 3). S'il a pu créer l'univers à partir de rien, il peut aussi intervenir dans ce monde et vaincre toute forme de mal. Par conséquent l'injustice n'est pas invincible.

75. Nous ne pouvons pas avoir une spiritualité qui oublie le Dieu tout-puissant et créateur. Autrement, nous finirions par adorer d'autres pouvoirs du monde, ou bien nous nous prendrions la place du Seigneur au point de prétendre piétiner la réalité créée par lui, sans connaître de limite. La meilleure manière de mettre l'être humain à sa place, et de mettre fin à ses prétentions d'être un dominateur absolu de la terre, c'est de proposer

la figure d'un Père créateur et unique maître du monde, parce qu'autrement l'être humain aura toujours tendance à vouloir imposer à la réalité ses propres lois et intérêts.

III. Le mystère de l'univers

76. Pour la tradition judéo-chrétienne, dire "création", c'est signifier plus que "nature", parce qu'il y a un rapport avec un projet de l'amour de Dieu dans lequel chaque créature a une valeur et une signification. La nature s'entend d'habitude comme un système qui s'analyse, se comprend et se gère, mais la création peut seulement être comprise comme un don qui surgit de la main ouverte du Père de tous, comme une réalité illuminée par l'amour qui nous appelle à une communion universelle.

77. «Par la parole du Seigneur les cieux ont été faits» (*Ps* 33, 6). Il nous est ainsi indiqué que le monde est issu d'une décision, non du chaos ou du hasard, ce qui le rehausse encore plus. Dans la parole créatrice il y a un choix libre exprimé. L'univers n'a pas surgi comme le résultat d'une toute puissance arbitraire, d'une démonstration de force ni d'un désir d'auto-affirmation. La création est de l'ordre de l'amour. L'amour de Dieu est la raison fondamentale de toute la création : «Tu aimes en effet tout ce qui existe, tu n'as de dégout pour rien de ce que tu as fait ; car si tu avais haï quelque chose, tu ne l'aurais pas formé» (*Sg* 11, 24). Par conséquent, chaque créature est l'objet de la tendresse du Père, qui lui donne une

place dans le monde. Même la vie éphémère de l'être le plus insignifiant est l'objet de son amour, et, en ces peu de secondes de son existence, il l'entoure de son affection. Saint Basile le Grand disait que le Créateur est aussi «la bonté sans mesure»,[44] et Dante Alighieri parlait de l'«amour qui meut le soleil et les étoiles».[45] Voilà pourquoi à partir des œuvres créées, on s'élève «vers sa miséricorde pleine d'amour».[46]

78. En même temps, la pensée judéo-chrétienne a démystifié la nature. Sans cesser de l'admirer pour sa splendeur et son immensité, elle ne lui a plus attribué de caractère divin. De cette manière, notre engagement envers elle est davantage mis en exergue. Un retour à la nature ne peut se faire au prix de la liberté et de la responsabilité de l'être humain, qui fait partie du monde avec le devoir de cultiver ses propres capacités pour le protéger et en développer les potentialités. Si nous reconnaissons la valeur et la fragilité de la nature, et en même temps les capacités que le Créateur nous a octroyées, cela nous permet d'en finir aujourd'hui avec le mythe moderne du progrès matériel sans limite. Un monde fragile, avec un être humain à qui Dieu en confie le soin, interpelle notre intelligence pour reconnaître comment nous devrions orienter, cultiver et limiter notre pouvoir.

[44] *Hom. in Hexaemeron*, 1, 2, 10 : *PG* 29, 9.

[45] *La Divine Comédie. Paradis*, Chant XXXIII, 145.

[46] Benoît XVI, *Catéchèse* (9 novembre 2005) : *Insegnamenti* 1 (2005) , 768.

79. Dans cet univers, constitué de systèmes ouverts qui entrent en communication les uns avec les autres, nous pouvons découvrir d'innombrables formes de relations et de participations. Cela conduit à penser également à l'ensemble comme étant ouvert à la transcendance de Dieu, dans laquelle il se développe. La foi nous permet d'interpréter le sens et la beauté mystérieuse de ce qui arrive. La liberté humaine peut offrir son apport intelligent à une évolution positive, mais elle peut aussi être à l'origine de nouveaux maux, de nouvelles causes de souffrance et de vrais reculs. Cela donne lieu à la passionnante et dramatique histoire humaine, capable de se convertir en un déploiement de libération, de croissance, de salut et d'amour, ou en un chemin de décadence et de destruction mutuelle. Voilà pourquoi l'action de l'Église ne tente pas seulement de rappeler le devoir de prendre soin de la nature, mais en même temps « elle doit aussi surtout protéger l'homme de sa propre destruction ».[47]

80. Cependant Dieu, qui veut agir avec nous et compte sur notre coopération, est aussi capable de tirer quelque chose de bon du mal que nous commettons, parce que « l'Esprit Saint possède une imagination infinie, propre à l'Esprit divin, qui sait prévoir et résoudre les problèmes des affaires humaines, même les plus complexes et les plus

[47] Id., Lett. enc. *Caritas in veritate* (29 juin 2009), n. 51 : *AAS* 101 (2009), 687.

impénétrables ».[48] Il a voulu se limiter lui-même de quelque manière, en créant un monde qui a besoin de développement, où beaucoup de choses que nous considérons mauvaises, dangereuses ou sources de souffrances, font en réalité partie des douleurs de l'enfantement qui nous stimulent à collaborer avec le Créateur.[49] Il est présent au plus intime de toute chose, sans conditionner l'autonomie de sa créature, et cela aussi donne lieu à l'autonomie légitime des réalités terrestres.[50] Cette présence divine, qui assure la permanence et le développement de tout être, «est la continuation de l'action créatrice».[51] L'Esprit de Dieu a rempli l'univers de potentialités qui permettent que, du sein même des choses, quelque chose de nouveau peut surgir : «La nature n'est rien d'autre que la connaissance d'un certain art, concrètement l'art divin inscrit dans les choses, et par lequel les choses elles-mêmes se meuvent vers une fin déterminée. Comme si l'artisan constructeur de navires pouvait accorder au bois de pouvoir se modifier de lui-même pour prendre la forme de navire».[52]

[48] Jean-Paul II, *Catéchèse* (24 avril 1991), 6 : *Insegnamenti* 14/1 (1991), 856.

[49] Le Catéchisme explique que Dieu a voulu créer un monde en route vers sa perfection ultime, et que ceci implique la présence de l'imperfection et du mal physique : cf. *Catéchisme de l'Eglise Catholique*, n. 310.

[50] Cf. Conc. Œcum. Vat. II, Const. past. *Gaudium et spes*, sur l'Église dans le monde de ce temps, n. 36.

[51] Thomas d'Aquin, *Somme théologique* I, q. 104, art. 1, ad 4.

[52] Id., *In octo libros Physicorum Aristotelis expositio*, lib II, lectio 14.

81. Bien que l'être humain suppose aussi des processus évolutifs, il implique une nouveauté qui n'est pas complètement explicable par l'évolution d'autres systèmes ouverts. Chacun de nous a, en soi, une identité personnelle, capable d'entrer en dialogue avec les autres et avec Dieu lui-même. La capacité de réflexion, l'argumentation, la créativité, l'interprétation, l'élaboration artistique, et d'autres capacités inédites, montrent une singularité qui transcende le domaine physique et biologique. La nouveauté qualitative qui implique le surgissement d'un être personnel dans l'univers matériel suppose une action directe de Dieu, un appel particulier à la vie et à la relation d'un Tu avec un autre tu. À partir des récits bibliques, nous considérons l'être humain comme un sujet, qui ne peut jamais être réduit à la catégorie d'objet.

82. Mais il serait aussi erroné de penser que les autres êtres vivants doivent être considérés comme de purs objets, soumis à la domination humaine arbitraire. Quand on propose une vision de la nature uniquement comme objet de profit et d'intérêt, cela a aussi de sérieuses conséquences sur la société. La vision qui consolide l'arbitraire du plus fort a favorisé d'immenses inégalités, injustices et violences pour la plus grande partie de l'humanité, parce que les ressources finissent par appartenir au premier qui arrive ou qui a plus de pouvoir : le gagnant emporte tout. L'idéal d'harmonie, de justice, de fraternité et de paix que propose Jésus est aux antipodes d'un pareil modèle, et il l'exprimait ainsi avec respect aux pouvoirs de son époque : «Les

chefs des nations dominent sur elles en maîtres, et les grands leur font sentir leur pouvoir. Il n'en doit pas être ainsi parmi vous : au contraire, celui qui voudra devenir grand parmi vous sera votre serviteur» (*Mt* 20, 25-26).

83. L'aboutissement de la marche de l'univers se trouve dans la plénitude de Dieu, qui a été atteinte par le Christ ressuscité, axe de la maturation universelle.[53] Nous ajoutons ainsi un argument de plus pour rejeter toute domination despotique et irresponsable de l'être humain sur les autres créatures. La fin ultime des autres créatures, ce n'est pas nous. Mais elles avancent toutes, avec nous et par nous, jusqu'au terme commun qui est Dieu, dans une plénitude transcendante où le Christ ressuscité embrasse et illumine tout ; car l'être humain, doué d'intelligence et d'amour, attiré par la plénitude du Christ, est appelé à reconduire toutes les créatures à leur Créateur.

IV. Le message de chaque créature dans l'harmonie de toute la création

84. Quand nous insistons pour dire que l'être humain est image de Dieu, cela ne doit pas nous porter à oublier que chaque créature a une fonction et

[53] L'apport de P. Teilhard de Chardin se situe dans cette perspective ; cf. Paul VI, *Discours dans un établissement de chimie pharmaceutique* (24 février 1966) : *Insegnamenti* 4 (1966), 992-993 ; Jean-Paul II, *Lettre au Révérend P. George V. Coyne* (1er juin 1988) : *Insegnamenti* 11/2 (1988), 1715 ; Benoît XVI, *Homélie pour la célébration des Vêpres à Aoste* (24 juillet 2009) : *Insegnamenti* 5/2 (2009), 60.

qu'aucune n'est superflue. Tout l'univers matériel est un langage de l'amour de Dieu, de sa tendresse démesurée envers nous. Le sol, l'eau, les montagnes, tout est caresse de Dieu. L'histoire de l'amitié de chacun avec Dieu se déroule toujours dans un espace géographique qui se transforme en un signe éminemment personnel, et chacun de nous a en mémoire des lieux dont le souvenir lui fait beaucoup de bien. Celui qui a grandi dans les montagnes, ou qui, enfant, s'asseyait pour boire l'eau au ruisseau, ou qui jouait sur une place de son quartier, quand il retourne sur ces lieux se sent appelé à retrouver sa propre identité.

85. Dieu a écrit un beau livre « dont les lettres sont représentées par la multitude des créatures présentes dans l'univers ».[54] Les Évêques du Canada ont souligné à juste titre qu'aucune créature ne reste en dehors de cette manifestation de Dieu : « Des vues panoramiques les plus larges à la forme de vie la plus infime, la nature est une source constante d'émerveillement et de crainte. Elle est, en outre, une révélation continue du divin ».[55] Les Évêques du Japon, pour leur part, ont rappelé une chose très suggestive : « Entendre chaque créature chanter l'hymne de son existence, c'est vivre joyeusement dans l'amour de Dieu et dans l'espérance ».[56] Cette contem-

[54] Jean-Paul II, Catéchèse (30 janvier 2002), n. 6 : *Insegnamenti* 25/1 (2002), 140.

[55] Conférence des Évêques catholiques du Canada : Commission des affaires sociales, Lettre pastorale sur l'*Impératif écologique chrétien* (4 octobre 2003), 1.

[56] Conférence des Évêques du Japon, *Reverence for Life. A Message for the Twenty-First Century* (janvier 2001), n. 89.

plation de la création nous permet de découvrir à travers chaque chose un enseignement que Dieu veut nous transmettre, parce que « pour le croyant contempler la création c'est aussi écouter un message, entendre une voix paradoxale et silencieuse ».[57] Nous pouvons affirmer qu'« à côté de la révélation proprement dite, qui est contenue dans les Saintes Écritures, il y a donc une manifestation divine dans le soleil qui resplendit comme dans la nuit qui tombe ».[58] En faisant attention à cette manifestation, l'être humain apprend à se reconnaître lui-même dans la relation avec les autres créatures : « Je m'exprime en exprimant le monde ; j'explore ma propre sacralité en déchiffrant celle du monde ».[59]

86. L'ensemble de l'univers, avec ses relations multiples, révèle mieux l'inépuisable richesse de Dieu. Saint Thomas d'Aquin faisait remarquer avec sagesse que la multiplicité et la variété proviennent « de l'intention du premier agent », qui a voulu que « ce qui manque à chaque chose pour représenter la bonté divine soit suppléé par les autres »,[60] parce qu'« une seule créature ne saurait suffire à [...] représenter comme il convient »[61] sa bonté. C'est pourquoi nous avons besoin de saisir la variété des choses dans leurs re-

[57] JEAN-PAUL II, Catéchèse (26 janvier 2000), n. 5 : *Insegnamenti* 23/1 (2000), 123.

[58] ID., Catéchèse (2 août 2000), n. 3 : *Insegnamenti* 23/2 (2000), 112.

[59] PAUL RICOEUR, *Philosophie de la volonté : Finitude et culpabilité*, Paris 2009, p. 216.

[60] *Somme Théologique* I, q. 47, art. 1.

[61] *Ibid.*

lations multiples.[62] Par conséquent, on comprend mieux l'importance et le sens de n'importe quelle créature si on la contemple dans l'ensemble du projet de Dieu. Le Catéchisme l'enseigne ainsi : «L'interdépendance des créatures est voulue par Dieu. Le soleil et la lune, le cèdre et la petite fleur, l'aigle et le moineau : le spectacle de leurs innombrables diversités et inégalités signifie qu'aucune des créatures ne se suffit à elle-même. Elles n'existent qu'en dépendance les unes des autres, pour se compléter mutuellement, au service les unes des autres ».[63]

87. Quand nous prenons conscience du reflet de Dieu qui se trouve dans tout ce qui existe, le cœur expérimente le désir d'adorer le Seigneur pour toutes ses créatures, et avec elles, comme cela est exprimé dans la belle hymne de saint François d'Assise :

«Loué sois-tu, mon Seigneur,
avec toutes tes créatures,
spécialement messire frère soleil,
qui est le jour, et par lui tu nous illumines.
Et il est beau et rayonnant avec grande splendeur,
de toi, Très Haut, il porte le signe.
Loué sois-tu, mon Seigneur,
pour sœur lune et les étoiles,
dans le ciel tu les as formées
claires, précieuses et belles.

[62] Cf. *Ibid.*, art. 2, ad. 1 ; art 3.
[63] *Catéchisme de l'Église Catholique*, n. 340.

Loué sois-tu, mon Seigneur, pour frère vent,
et pour l'air et le nuage et le ciel serein
et tous les temps,
par lesquels à tes créatures tu donnes soutien.
Loué sois-tu, mon Seigneur, pour sœur eau,
qui est très utile et humble,
et précieuse et chaste.
Loué sois-tu, mon Seigneur, pour frère feu,
par lequel tu illumines la nuit,
et il est beau et joyeux, et robuste et fort».[64]

88. Les Évêques du Brésil ont souligné que toute la nature, en plus de manifester Dieu, est un lieu de sa présence. En toute créature habite son Esprit vivifiant qui nous appelle à une relation avec lui.[65] La découverte de cette présence stimule en nous le développement des «vertus écologiques».[66] Mais en disant cela, n'oublions pas qu'il y a aussi une distance infinie entre la nature et le Créateur, et que les choses de ce monde ne possèdent pas la plénitude de Dieu. Autrement, nous ne ferions pas de bien aux créatures, parce que nous ne reconnaîtrions pas leur vraie et propre place, et nous finirions par exiger d'elles indûment ce que, en leur petitesse, elles ne peuvent pas nous donner.

V. Une communion universelle

89. Les créatures de ce monde ne peuvent pas être considérées comme un bien sans propriétaire :

[64] *Cantique des créatures*, *SC* 285, p. 343.

[65] Cf. Conférence nationale des Évêques du Brésil, *A Igreja e a questão ecológica*, 1992, 53-54.

[66] *Ibid.*, 61.

«Tout est à toi, Maître, ami de la vie» (*Sg* 11, 26). D'où la conviction que, créés par le même Père, nous et tous les êtres de l'univers, sommes unis par des liens invisibles, et formons une sorte de famille universelle, une communion sublime qui nous pousse à un respect sacré, tendre et humble. Je veux rappeler que «Dieu nous a unis si étroitement au monde qui nous entoure, que la désertification du sol est comme une maladie pour chacun et nous pouvons nous lamenter sur l'extinction d'une espèce comme si elle était une mutilation ».[67]

90. Cela ne signifie pas que tous les êtres vivants sont égaux ni ne retire à l'être humain sa valeur particulière, qui entraîne en même temps une terrible responsabilité. Cela ne suppose pas non plus une divinisation de la terre qui nous priverait de l'appel à collaborer avec elle et à protéger sa fragilité. Ces conceptions finiraient par créer de nouveaux déséquilibres pour échapper à la réalité qui nous interpelle.[68] Parfois on observe une obsession pour nier toute prééminence à la personne humaine, et il se mène une lutte en faveur d'autres espèces que nous n'engageons pas pour défendre l'égale dignité entre les êtres humains. Il est vrai que nous devons nous préoccuper que d'autres êtres vivants ne soient pas traités de manière irresponsable. Mais les énormes inégalités

[67] Exhort. apost. *Evangelii gaudium* (24 novembre 2013), n. 215 : *AAS* 105 (2013), 1109.

[68] Cf. Benoît XVI, Lett. enc. *Caritas in veritate* (29 juin 2009), n. 14 : *AAS* 101 (2009), 650.

qui existent entre nous devraient nous exaspérer particulièrement, parce que nous continuons à tolérer que les uns se considèrent plus dignes que les autres. Nous ne nous rendons plus compte que certains croupissent dans une misère dégradante, sans réelle possibilité d'en sortir, alors que d'autres ne savent même pas quoi faire de ce qu'ils possèdent, font étalage avec vanité d'une soi-disant supériorité, et laissent derrière eux un niveau de gaspillage qu'il serait impossible de généraliser sans anéantir la planète. Nous continuons à admettre en pratique que les uns se sentent plus humains que les autres, comme s'ils étaient nés avec de plus grands droits.

91. Le sentiment d'union intime avec les autres êtres de la nature ne peut pas être réel si en même temps il n'y a pas dans le cœur de la tendresse, de la compassion et de la préoccupation pour les autres êtres humains. L'incohérence est évidente de la part de celui qui lutte contre le trafic d'animaux en voie d'extinction mais qui reste complètement indifférent face à la traite des personnes, se désintéresse des pauvres, ou s'emploie à détruire un autre être humain qui lui déplaît. Ceci met en péril le sens de la lutte pour l'environnement. Ce n'est pas un hasard si dans l'hymne à la création où saint François loue Dieu pour ses créatures, il ajoute ceci : « Loué sois-tu, mon Seigneur, pour ceux qui pardonnent par amour pour toi ». Tout est lié. Il faut donc une préoccupation pour l'environnement unie à un amour sincère envers les êtres humains, et à un engagement constant pour les problèmes de la société.

92. D'autre part, quand le cœur est authentiquement ouvert à une communion universelle, rien ni personne n'est exclu de cette fraternité. Par conséquent, il est vrai aussi que l'indifférence ou la cruauté envers les autres créatures de ce monde finissent toujours par s'étendre, d'une manière ou d'une autre, au traitement que nous réservons aux autres êtres humains. Le cœur est unique, et la même misère qui nous porte à maltraiter un animal ne tarde pas à se manifester dans la relation avec les autres personnes. Toute cruauté sur une quelconque créature « est contraire à la dignité humaine ».[69] Nous ne pouvons pas considérer que nous aimons beaucoup si nous excluons de nos intérêts une partie de la réalité : « Paix, justice et sauvegarde de la création sont trois thèmes absolument liés, qui ne pourront pas être mis à part pour être traités séparément sous peine de tomber de nouveau dans le réductionnisme ».[70] Tout est lié, et, comme êtres humains, nous sommes tous unis comme des frères et des sœurs dans un merveilleux pèlerinage, entrelacés par l'amour que Dieu porte à chacune de ses créatures et qui nous unit aussi, avec une tendre affection, à frère soleil, à sœur lune, à sœur rivière et à mère terre.

VI. La destination commune des biens

93. Aujourd'hui croyants et non croyants, nous sommes d'accord sur le fait que la terre est essen-

[69] *Catéchisme de l'Église Catholique*, n. 2418.

[70] Conférence de l'Épiscopat de la Republique Dominicaine, *Carta pastoral sobre la relación del hombre con la naturaleza*, (21 janvier 1987).

tiellement un héritage commun, dont les fruits doivent bénéficier à tous. Pour les croyants cela devient une question de fidélité au Créateur, puisque Dieu a créé le monde pour tous. Par conséquent, toute approche écologique doit incorporer une perspective sociale qui prenne en compte les droits fondamentaux des plus défavorisés. Le principe de subordination de la propriété privée à la destination universelle des biens et, par conséquent, le droit universel à leur usage, est une "règle d'or" du comportement social, et « le premier principe de tout l'ordre éthico-social ».[71] La tradition chrétienne n'a jamais reconnu comme absolu ou intouchable le droit à la propriété privée, et elle a souligné la fonction sociale de toute forme de propriété privée. Saint Jean-Paul II a rappelé avec beaucoup de force cette doctrine en affirmant que « Dieu a donné la terre à tout le genre humain pour qu'elle fasse vivre tous ses membres, *sans exclure ni privilégier personne* ».[72] Ce sont des paroles denses et fortes. Il a souligné qu'« un type de développement qui ne respecterait pas et n'encouragerait pas les droits humains, personnels et sociaux, économiques et politiques, y compris les droits des nations et des peuples, ne serait pas non plus digne de l'homme ».[73] Avec une grande clarté, il a expliqué que « l'Église défend, certes, le droit à la propriété privée, mais elle en-

[71] Jean-Paul II, Lett. enc. *Laborem exercens* (14 septembre 1981), n. 19 : *AAS* 73 (1981), 626.

[72] Lett. enc. *Centesimus annus* (1er mai 1991), n. 31 : *AAS* 83 (1991), 831.

[73] Lett. enc. *Sollicitudo rei socialis* (30 décembre 1987), n. 33 : *AAS* 80 (1988), 557.

seigne avec non moins de clarté que sur toute propriété pèse toujours une hypothèque sociale, pour que les biens servent à la destination générale que Dieu leur a donnée».[74] Par conséquent, il a rappelé qu'«il n'est [...] pas permis, parce que cela n'est pas conforme au dessein de Dieu, de gérer ce don d'une manièrc telle que tous ces bienfaits profitent seulement à quelques uns».[75] Cela remet sérieusement en cause les habitudes injustes d'une partie de l'humanité.[76]

94. Le riche et le pauvre ont une égale dignité parce que «le Seigneur les a faits tous les deux» (*Pr* 22, 2), «petits et grands, c'est lui qui les a faits» (*Sg* 6, 7), et «il fait lever son soleil sur les méchants et sur les bons» (*Mt* 5, 45). Cela a des conséquences pratiques, comme celles qu'ont énoncées les Évêques du Paraguay : «Tout paysan a le droit naturel de posséder un lot de terre raisonnable, où il puisse établir sa demeure, travailler pour la subsistance de sa famille et avoir la sécurité de l'existence. Ce droit doit être garanti pour que son exercice ne soit pas illusoire mais réel. Cela signifie que, en plus du titre de propriété, le paysan doit compter sur les moyens d'éducation technique, sur des crédits, des assurances et la commercialisation».[77]

[74] *Discours aux indigènes et paysans du Mexique*, Cuilapán (29 janvier 1979), n. 6 : *AAS* 71 (1979), 209.

[75] *Homélie de la messe pour les agriculteurs à Recife*, Brésil (7 juillet 1980), n. 4 : *AAS* 72 (1980), 926.

[76] Cf. *Message pour la Journée Mondiale de la Paix 1990*, n. 8 : *AAS* 82 (1990), 152.

[77] Conférence Episcopale Paraguayenne, Lettre pastorale *El campesino paraguayo y la tierra* (12 juin 1983), n. 2, 4, d.

95. L'environnement est un bien collectif, patrimoine de toute l'humanité, sous la responsabilité de tous. Celui qui s'approprie quelque chose, c'est seulement pour l'administrer pour le bien de tous. Si nous ne le faisons pas, nous chargeons notre conscience du poids de nier l'existence des autres. Pour cette raison, les Évêques de Nouvelle Zélande se sont demandés ce que le commandement «tu ne tueras pas» signifie quand «vingt pour cent de la population mondiale consomment les ressources de telle manière qu'ils volent aux nations pauvres, et aux futures générations, ce dont elles ont besoin pour survivre».[78]

VII. Le regard de Jésus

96. Jésus reprend la foi biblique au Dieu créateur et met en relief un fait fondamental : Dieu est Père (cf. *Mt* 11, 25). Dans les dialogues avec ses disciples, Jésus les invitait à reconnaître la relation paternelle que Dieu a avec toutes ses créatures, et leur rappelait, avec une émouvante tendresse, comment chacune d'elles est importante aux yeux de celui-ci : «Ne vend-on pas cinq passereaux pour deux as ? Et pas un d'entre eux n'est en oubli devant Dieu» (*Lc* 12, 6). «Regardez les oiseaux du ciel : ils ne sèment ni ne moissonnent ni ne recueillent en des greniers, et votre Père céleste les nourrit» (*Mt* 6, 26).

[78] Conférence épiscopale de Nouvelle Zélande, *Statement on Environmental Issues*, Wellington (1er septembre 2006).

97. Le Seigneur pouvait inviter les autres à être attentifs à la beauté qu'il y a dans le monde, parce qu'il était lui-même en contact permanent avec la nature et y prêtait une attention pleine d'affection et de stupéfaction. Quand il parcourait chaque coin de sa terre, il s'arrêtait pour contempler la beauté semée par son Père, ct il invitait ses disciples à reconnaître dans les choses un message divin : «Levez les yeux et regardez les champs, ils sont blancs pour la moisson» (*Jn* 4, 35). «Le Royaume des Cieux est semblable à un grain de sénevé qu'un homme a pris et semé dans son champ. C'est bien la plus petite de toutes les graines, mais quand il a poussé, c'est la plus grande des plantes potagères, qui devient même un arbre» (*Mt* 13, 31-32).

98. Jésus vivait en pleine harmonie avec la création, et les autres s'en émerveillaient : «Quel est donc celui-ci pour que même la mer et les vents lui obéissent ?» (*Mt* 8, 27). Il n'apparaissait pas comme un ascète séparé du monde ou un ennemi des choses agréables de la vie. Il disait, se référant à lui-même : «Vient le Fils de l'homme, mangeant et buvant, et l'on dit : voilà un glouton et un ivrogne» (*Mt* 11, 19). Il était loin des philosophies qui dépréciaient le corps, la matière et les choses de ce monde. Cependant, ces dualismes malsains en sont arrivés à avoir une influence importante chez certains penseurs chrétiens au long de l'histoire, et ont défiguré l'Évangile. Jésus travaillait de ses mains, au contact direct quotidien avec la matière créée par Dieu pour lui donner forme avec son habileté d'artisan. Il est frappant que la plus grande partie de sa vie ait été consacrée à cette

tâche, dans une existence simple qui ne suscitait aucune admiration. «N'est-il pas le charpentier, le fils de Marie ?» (*Mc* 6, 3). Il a sanctifié de cette manière le travail et lui a conféré une valeur particulière pour notre maturation. Saint Jean-Paul II enseignait qu'«en supportant la peine du travail en union avec le Christ crucifié pour nous, l'homme collabore en quelque manière avec le Fils de Dieu à la Rédemption ».[79]

99. Pour la compréhension chrétienne de la réalité, le destin de toute la création passe par le mystère du Christ, qui est présent depuis l'origine de toutes choses : «Tout est créé par lui et pour lui» (*Col* 1, 16).[80] Le Prologue de l'Évangile de Jean (1, 1-18) montre l'activité créatrice du Christ comme Parole divine (*Logos*). Mais ce prologue surprend en affirmant que cette Parole «s'est faite chair» (*Jn* 1, 14). Une Personne de la Trinité s'est insérée dans le cosmos créé, en y liant son sort jusqu'à la croix. Dès le commencement du monde, mais de manière particulière depuis l'Incarnation, le mystère du Christ opère secrètement dans l'ensemble de la réalité naturelle, sans pour autant en affecter l'autonomie.

100. Le Nouveau Testament ne nous parle pas seulement de Jésus terrestre et de sa relation si

[79] Lett. enc. *Laborem exercens* (14 sep. 1981), n. 27 : *AAS* 73 (1981), 645.

[80] Pour cette raison saint Justin a pu parlé de «semences du Verbe» dans le monde : cf. *II Apologia* 8, 1-2 ; 13, 3-6 : *PG* 6, 457-458 ; 467.

concrète et aimable avec le monde. Il le montre aussi comme ressuscité et glorieux, présent dans toute la création par sa Seigneurie universelle : «Dieu s'est plu à faire habiter en lui toute plénitude et par lui à réconcilier tous les êtres pour lui, aussi bien sur la terre que dans les cieux, en faisant la paix par le sang de sa croix» (*Col* 1, 19-20). Cela nous projette à la fin des temps, quand le Fils remettra toutes choses au Père et que «Dieu sera tout en tous» (*1Co* 15, 28). De cette manière, les créatures de ce monde ne se présentent plus à nous comme une réalité purement naturelle, parce que le Ressuscité les enveloppe mystérieusement et les oriente vers un destin de plénitude. Même les fleurs des champs et les oiseaux qu'émerveillé il a contemplés de ses yeux humains, sont maintenant remplis de sa présence lumineuse.

TROISIEME CHAPITRE

LA RACINE HUMAINE DE LA CRISE ECOLOGIQUE

101. Il ne sert à rien de décrire les symptômes de la crise écologique, si nous n'en reconnaissons pas la racine humaine. Il y a une manière de comprendre la vie et l'activité humaine qui a dévié et qui contredit la réalité jusqu'à lui nuire. Pourquoi ne pouvons-nous pas nous arrêter pour y penser ? Dans cette réflexion, je propose que nous nous concentrions sur le paradigme technocratique dominant ainsi que sur la place de l'être humain et de son action dans le monde.

I. La technologie : créativité et pouvoir

102. L'humanité est entrée dans une ère nouvelle où le pouvoir technologique nous met à la croisée des chemins. Nous sommes les héritiers de deux siècles d'énormes vagues de changement : la machine à vapeur, le chemin de fer, le télégraphe, l'électricité, l'automobile, l'avion, les industries chimiques, la médecine moderne, l'informatique, et, plus récemment, la révolution digitale, la robotique, les biotechnologies et les nanotechnologies. Il est juste de se réjouir face à ces progrès, et de s'enthousiasmer devant les grandes possibilités que nous ouvrent ces constantes nouveautés, parce que «la science et la technologie sont un produit merveilleux de la créativité humaine,

ce don de Dieu ».[81] La modification de la nature à des fins utiles est une caractéristique de l'humanité depuis ses débuts, et ainsi la technique « exprime la tendance de l'esprit humain au dépassement progressif de certains conditionnements matériels ».[82] La technologie a porté remède à d'innombrables maux qui nuisaient à l'être humain et le limitaient. Nous ne pouvons pas ne pas valoriser ni apprécier le progrès technique, surtout dans la médecine, l'ingénierie et les communications. Et comment ne pas reconnaître tous les efforts de beaucoup de scientifiques et de techniciens qui ont apporté des alternatives pour un développement durable ?

103. La techno-science, bien orientée, non seulement peut produire des choses réellement précieuses pour améliorer la qualité de vie de l'être humain, depuis les objets usuels pour la maison jusqu'aux grands moyens de transports, ponts, édifices, lieux publics, mais encore est capable de produire du beau et de "projeter" dans le domaine de la beauté l'être humain immergé dans le monde matériel. Peut-on nier la beauté d'un avion, ou de certains gratte-ciels ? Il y a de belles œuvres picturales et musicales réalisées grâce à l'utilisation de nouveaux instruments techniques. Ainsi, dans la recherche de la beauté de la part de celui qui produit la technique, et en celui qui contemple cette beauté, se réalise un saut vers une certaine plénitude proprement humaine.

[81] Jean-Paul II, *Discours aux représentants des hommes de la science, de la culture et des hautes études à l'Université des Nations-Unies*, Hiroshima (25 février 1981), n. 3 : *AAS* 73 (1981), 422.

[82] Benoît XVI, Lett. enc. *Caritas in veritate* (29 juin 2009), n. 69 : *AAS* 101 (2009), 702.

104. Mais nous ne pouvons pas ignorer que l'énergie nucléaire, la biotechnologie, l'informatique, la connaissance de notre propre ADN et d'autres capacités que nous avons acquises, nous donnent un terrible pouvoir. Mieux, elles donnent à ceux qui ont la connaissance, et surtout le pouvoir économique d'en faire usage, une emprise impressionnante sur l'ensemble de l'humanité et sur le monde entier. Jamais l'humanité n'a eu autant de pouvoir sur elle-même et rien ne garantit qu'elle s'en servira toujours bien, surtout si l'on considère la manière dont elle est en train de l'utiliser. Il suffit de se souvenir des bombes atomiques lancées en plein XXème siècle, comme du grand déploiement technologique étalé par le nazisme, par le communisme et par d'autres régimes totalitaires au service de l'extermination de millions de personnes, sans oublier, qu'aujourd'hui, la guerre possède des instruments toujours plus mortifères. En quelles mains se trouve et pourrait se trouver tant de pouvoir ? Il est terriblement risqué qu'il réside en une petite partie de l'humanité.

105. On a tendance à croire « que tout accroissement de puissance est en soi 'progrès', un degré plus haut de sécurité, d'utilité, de bien-être, de force vitale, de plénitude des valeurs »,[83] comme si la réalité, le bien et la vérité surgissaient spontanément du pouvoir technologique et économique lui-même. Le fait est que « l'homme moderne n'a

[83] Romano Guardini, *Das Ende der Neuzeit*, Würzburg [9]1965, p. 87 (édition française : *La fin des temps modernes*, Paris 1952, p. 92, par la suite éd. fr.).

pas reçu l'éducation nécessaire pour faire un bon usage de son pouvoir »,[84] parce que l'immense progrès technologique n'a pas été accompagné d'un développement de l'être humain en responsabilité, en valeurs, en conscience. Chaque époque tend à développer peu d'auto-conscience de ses propres limites. C'est pourquoi, il est possible qu'aujourd'hui l'humanité ne se rende pas compte de la gravité des défis qui se présentent, et « que la possibilité devienne sans cesse plus grande pour l'homme de mal utiliser sa puissance » quand « existent non pas des normes de liberté, mais de prétendues nécessités : l'utilité et la sécurité ».[85] L'être humain n'est pas pleinement autonome. Sa liberté est affectée quand elle se livre aux forces aveugles de l'inconscient, des nécessités immédiates, de l'égoïsme, de la violence. En ce sens, l'homme est nu, exposé à son propre pouvoir toujours grandissant, sans avoir les éléments pour le contrôler. Il peut disposer de mécanismes superficiels, mais nous pouvons affirmer qu'il lui manque aujourd'hui une éthique solide, une culture et une spiritualité qui le limitent réellement et le contiennent dans une abnégation lucide.

II. La globalisation du paradigme technocratique

106. Le problème fondamental est autre, encore plus profond : la manière dont l'humanité a, de

[84] *Ibid.*, (éd. fr. : p. 92).
[85] *Ibid.*, p. 87-88 (éd. fr. : p. 93).

fait, assumé la technologie et son développement *avec un paradigme homogène et unidimensionnel.* Une conception du sujet y est mise en relief qui, progressivement, dans le processus logique et rationnel, embrasse et ainsi possède l'objet qui se trouve à l'extérieur. Ce sujet se déploie dans l'élaboration de la méthode scientifique avec son expérimentation, qui est déjà explicitement une technique de possession, de domination et de transformation. C'est comme si le sujet se trouvait devant quelque chose d'informe, totalement disponible pour sa manipulation. L'intervention humaine sur la nature s'est toujours vérifiée, mais longtemps elle a eu comme caractéristique d'accompagner, de se plier aux possibilités qu'offrent les choses elles-mêmes. Il s'agissait de recevoir ce que la réalité naturelle permet de soi, comme en tendant la main. Maintenant, en revanche, ce qui intéresse c'est d'extraire tout ce qui est possible des choses par l'imposition de la main de l'être humain, qui tend à ignorer ou à oublier la réalité même de ce qu'il a devant lui. Voilà pourquoi l'être humain et les choses ont cessé de se tendre amicalement la main pour entrer en opposition. De là, on en vient facilement à l'idée d'une croissance infinie ou illimitée, qui a enthousiasmé beaucoup d'économistes, de financiers et de technologues. Cela suppose le mensonge de la disponibilité infinie des biens de la planète, qui conduit à la "presser" jusqu'aux limites et même au-delà des limites. C'est le faux présupposé «qu'il existe une quantité illimitée d'énergie et de ressources à utiliser, que leur régénération est possible dans l'immédiat et que les effets négatifs des manipulations de l'ordre naturel peuvent être facilement absorbés».[86]

107. On peut dire, par conséquent, qu'à l'origine de beaucoup de difficultés du monde actuel, il y a avant tout la tendance, pas toujours consciente, à faire de la méthodologie et des objectifs de la techno-science un paradigme de compréhension qui conditionne la vie des personnes et le fonctionnement de la société. Les effets de l'application de ce moule à toute la réalité, humaine et sociale, se constatent dans la dégradation de l'environnement, mais cela est seulement un signe du réductionnisme qui affecte la vie humaine et la société dans toutes leurs dimensions. Il faut reconnaître que les objets produits par la technique ne sont pas neutres, parce qu'ils créent un cadre qui finit par conditionner les styles de vie, et orientent les possibilités sociales dans la ligne des intérêts de groupes de pouvoir déterminés. Certains choix qui paraissent purement instrumentaux sont, en réalité, des choix sur le type de vie sociale que l'on veut développer.

108. Il n'est pas permis de penser qu'il est possible de défendre un autre paradigme culturel, et de se servir de la technique comme d'un pur instrument, parce qu'aujourd'hui le paradigme technocratique est devenu tellement dominant qu'il est très difficile de faire abstraction de ses ressources, et il est encore plus difficile de les utiliser sans être

[86] Conseil Pontifical «Justice et Paix», *Compendium de la Doctrine sociale de l'Église*, n. 462.

dominé par leur logique. C'est devenu une contre-culture de choisir un style de vie avec des objectifs qui peuvent être, au moins en partie, indépendants de la technique, de ses coûts, comme de son pouvoir de globalisation et de massification. De fait, la technique a un penchant pour chercher à tout englober dans sa logique de fer, et l'homme qui possède la technique « sait que, en dernière analyse, ce qui est en jeu dans la technique, ce n'est ni l'utilité, ni le bien-être, mais la domination : une domination au sens le plus extrême de ce terme ».[87] Et c'est pourquoi « il cherche à saisir les éléments de la nature comme ceux de l'existence humaine ».[88] La capacité de décision, la liberté la plus authentique et l'espace pour une créativité alternative des individus, sont réduits.

109. Le paradigme technocratique tend aussi à exercer son emprise sur l'économie et la politique. L'économie assume tout le développement technologique en fonction du profit, sans prêter attention à d'éventuelles conséquences négatives pour l'être humain. Les finances étouffent l'économie réelle. Les leçons de la crise financière mondiale n'ont pas été retenues, et on prend en compte les leçons de la détérioration de l'environnement avec beaucoup de lenteur. Dans certains cercles on soutient que l'économie actuelle et la technologie résoudront tous les problèmes environnementaux. De même on affirme, en langage peu académique, que les problèmes de la faim et de la misère dans

[87] ROMANO GUARDINI, *Das Ende der Neuzeit*, p. 63-64 (éd. fr. : *La fin des temps modernes*, p. 68).

[88] *Ibid.*, (éd. fr. : p. 68).

le monde auront une solution simplement grâce à la croissance du marché. Ce n'est pas une question de validité de théories économiques, que peut-être personne aujourd'hui n'ose défendre, mais de leur installation de fait dans le développement de l'économie. Ceux qui n'affirment pas cela en paroles le soutiennent dans les faits quand une juste dimension de la production, une meilleure répartition des richesses, une sauvegarde responsable de l'environnement et les droits des générations futures ne semblent pas les préoccuper. Par leurs comportements, ils indiquent que l'objectif de maximiser les bénéfices est suffisant. Mais le marché ne garantit pas en soi le développement humain intégral ni l'inclusion sociale.[89] En attendant, nous avons un « surdéveloppement, où consommation et gaspillage vont de pair, ce qui contraste de façon inacceptable avec des situations permanentes de misère déshumanisante » ;[90] et les institutions économiques ainsi que les programmes sociaux qui permettraient aux plus pauvres d'accéder régulièrement aux ressources de base ne se mettent pas en place assez rapidement. On n'a pas encore fini de prendre en compte les racines les plus profondes des dérèglements actuels qui sont en rapport avec l'orientation, les fins, le sens et le contexte social de la croissance technologique et économique.

110. La spécialisation de la technologie elle-même implique une grande difficulté pour regar-

[89] Cf. Benoît XVI, Lett. enc. *Caritas in veritate* (29 juin 2009), n. 35 : *AAS* 101 (2009), 671.

[90] *Ibid.*, n. 22 : p. 657.

der l'ensemble. La fragmentation des savoirs sert dans la réalisation d'applications concrètes, mais elle amène en général à perdre le sens de la totalité, des relations qui existent entre les choses, d'un horizon large qui devient sans importance. Cela même empêche de trouver des chemins adéquats pour résoudre les problèmes les plus complexes du monde actuel, surtout ceux de l'environnement et des pauvres, qui ne peuvent pas être abordés d'un seul regard ou selon un seul type d'intérêts. Une science qui prétendrait offrir des solutions aux grandes questions devrait nécessairement prendre en compte tout ce qu'a produit la connaissance dans les autres domaines du savoir, y compris la philosophie et l'éthique sociale. Mais c'est une habitude difficile à prendre aujourd'hui. C'est pourquoi de véritables horizons éthiques de référence ne peuvent pas non plus être reconnus. La vie est en train d'être abandonnée aux circonstances conditionnées par la technique, comprise comme le principal moyen d'interpréter l'existence. Dans la réalité concrète qui nous interpelle, divers symptômes apparaissent qui montrent cette erreur, comme la dégradation de l'environnement, l'angoisse, la perte du sens de la vie et de la cohabitation. On voit ainsi, une fois de plus, que «la réalité est supérieure à l'idée».[91]

111. La culture écologique ne peut pas se réduire à une série de réponses urgentes et partielles aux

[91] Exhort. apost. *Evangelii gaudium* (24 novembre 2013), n. 231 : *AAS* 105 (2013), 1114.

problèmes qui sont en train d'apparaître par rapport à la dégradation de l'environnement, à l'épuisement des réserves naturelles et à la pollution. Elle devrait être un regard différent, une pensée, une politique, un programme éducatif, un style de vie et une spiritualité qui constitueraient une résistance face à l'avancée du paradigme technocratique. Autrement, même les meilleures initiatives écologiques peuvent finir par s'enfermer dans la même logique globalisée. Chercher seulement un remède technique à chaque problème environnemental qui surgit, c'est isoler des choses qui sont entrelacées dans la réalité, et c'est se cacher les vraies et plus profondes questions du système mondial.

112. Cependant, il est possible d'élargir de nouveau le regard, et la liberté humaine est capable de limiter la technique, de l'orienter, comme de la mettre au service d'un autre type de progrès, plus sain, plus humain, plus social, plus intégral. La libération par rapport au paradigme technocratique régnant a lieu, de fait, en certaines occasions, par exemple, quand des communautés de petits producteurs optent pour des systèmes de production moins polluants, en soutenant un mode de vie, de bonheur et de cohabitation non consumériste ; ou bien quand la technique est orientée prioritairement pour résoudre les problèmes concrets des autres, avec la passion de les aider à vivre avec plus de dignité et moins de souffrances ; de même quand l'intention créatrice du beau et sa contemplation arrivent à dépasser le pouvoir objectivant en une sorte de salut qui se réalise dans le beau et dans la personne qui le contemple. L'authentique humanité, qui invite à une nouvelle synthèse,

semble habiter au milieu de la civilisation technologique presque de manière imperceptible, comme le brouillard qui filtre sous une porte close. Serait-ce une promesse permanente, malgré tout, jaillissant comme une résistance obstinée de ce qui est authentique ?

113. D'autre part, les gens ne semblent plus croire en un avenir heureux, ils ne mettent pas aveuglément leur confiance dans un lendemain meilleur à partir des conditions actuelles du monde et des capacités techniques. Ils prennent conscience que les avancées de la science et de la technique ne sont pas équivalentes aux avancées de l'humanité et de l'histoire, et ils perçoivent que les chemins fondamentaux sont autres pour un avenir heureux. Cependant, ils ne s'imaginent pas pour autant renoncer aux possibilités qu'offre la technologie. L'humanité s'est profondément transformée, et l'accumulation des nouveautés continuelles consacre une fugacité qui nous mène dans une seule direction, à la surface des choses. Il devient difficile de nous arrêter pour retrouver la profondeur de la vie. S'il est vrai que l'architecture reflète l'esprit d'une époque, les mégastructures et les maisons en séries expriment l'esprit de la technique globalisée, où la nouveauté permanente des produits s'unit à un pesant ennui. Ne nous résignons pas à cela, et ne renonçons pas à nous interroger sur les fins et sur le sens de toute chose. Autrement, nous légitimerions la situation actuelle et nous aurions besoin de toujours plus de succédanés pour supporter le vide.

114. Ce qui arrive en ce moment nous met devant l'urgence d'avancer dans une révolution cultu-

relle courageuse. La science et la technologie ne sont pas neutres, mais peuvent impliquer, du début à la fin d'un processus, diverses intentions et possibilités, et elles peuvent se configurer de différentes manières. Personne ne prétend vouloir retourner à l'époque des cavernes, cependant il est indispensable de ralentir la marche pour regarder la réalité d'une autre manière, recueillir les avancées positives et durables, et en même temps récupérer les valeurs et les grandes finalités qui ont été détruites par une frénésie mégalomane.

III. Crise et conséquences de l'anthropocentrisme moderne

115. L'anthropocentrisme moderne, paradoxalement, a fini par mettre la raison technique au-dessus de la réalité, parce que l'être humain « n'a plus le sentiment ni que la nature soit une norme valable, ni qu'elle lui offre un refuge vivant. Il la voit sans suppositions préalables, objectivement, sous la forme d'un espace et d'une matière pour une œuvre où l'on jette tout, peu importe ce qui en résultera ».[92] De cette manière, la valeur que possède le monde en lui-même s'affaiblit. Mais si l'être humain ne redécouvre pas sa véritable place, il ne se comprend pas bien lui-même et finit par contredire sa propre réalité : «Non seulement la terre a été donnée par Dieu à l'homme, qui doit en faire usage dans le respect de l'intention primitive, bonne, dans laquelle elle a été donnée, mais

[92] Romano Guardini, *Das Ende der Neuzeit*, p. 63 (éd. fr. : *La fin des temps modernes*, p. 68).

l'homme, lui aussi, est donné par Dieu à lui-même et il doit donc respecter la structure naturelle et morale dont il a été doté».[93]

116. Dans la modernité, il y a eu une grande démesure anthropocentrique qui, sous d'autres formes, continue aujourd'hui à nuire à toute référence commune et à toute tentative pour renforcer les liens sociaux. C'est pourquoi, le moment est venu de prêter de nouveau attention à la réalité avec les limites qu'elle impose, et qui offrent à leur tour la possibilité d'un développement humain et social plus sain et plus fécond. Une présentation inadéquate de l'anthropologie chrétienne a pu conduire à soutenir une conception erronée de la relation entre l'être humain et le monde. Un rêve prométhéen de domination sur le monde s'est souvent transmis, qui a donné l'impression que la sauvegarde de la nature est pour les faibles. La façon correcte d'interpréter le concept d'être humain comme "seigneur" de l'univers est plutôt celle de le considérer comme administrateur responsable.[94]

117. Le manque de préoccupation pour mesurer les préjudices causés à la nature et l'impact environnemental des décisions est seulement le reflet le plus visible d'un désintérêt pour reconnaître le

[93] Jean-Paul II, Lett. enc. *Centesimus annus* (1er mai 1991), n. 38 : *AAS* 83 (1991), 841.

[94] Cf. Déclaration *Love for creation. An Asian Response to the Ecological Crisis*, Colloque organisé par la Fédération des Conférences Épiscopales d'Asie, Tagaytay (31 janvier – 5 février 1993), 3.3.2.

message que la nature porte inscrit dans ses structures mêmes. Quand on ne reconnaît pas, dans la réalité même, la valeur d'un pauvre, d'un embryon humain, d'une personne vivant une situation de handicap – pour prendre seulement quelques exemples – on écoutera difficilement les cris de la nature elle-même. Tout est lié. Si l'être humain se déclare autonome par rapport à la réalité et qu'il se pose en dominateur absolu, la base même de son existence s'écroule, parce qu'«au lieu de remplir son rôle de collaborateur de Dieu dans l'œuvre de la création, l'homme se substitue à Dieu et ainsi finit par provoquer la révolte de la nature».[95]

118. Cette situation nous conduit à une schizophrénie permanente, qui va de l'exaltation technocratique qui ne reconnaît pas aux autres êtres une valeur propre, à la réaction qui nie toute valeur particulière à l'être humain. Mais on ne peut pas faire abstraction de l'humanité. Il n'y aura pas de nouvelle relation avec la nature sans un être humain nouveau. Il n'y a pas d'écologie sans anthropologie adéquate. Quand la personne humaine est considérée seulement comme un être parmi d'autres, qui procéderait des jeux du hasard ou d'un déterminisme physique, «la conscience de sa responsabilité risque de s'atténuer dans les esprits».[96] Un anthropocentrisme dévié ne doit pas nécessairement faire place à un "bio-centrisme", parce

[95] JEAN-PAUL II, Lett. enc. *Centesimus annus* (1er mai 1991), n. 37 : *AAS* 83 (1991), 840.

[96] BENOÎT XVI, *Message pour la Journée Mondiale de la Paix 2010*, n. 2 : *AAS* 102 (2010), 41.

que cela impliquerait d'introduire un nouveau déséquilibre qui, non seulement ne résoudrait pas les problèmes mais en ajouterait d'autres. On ne peut pas exiger de l'être humain un engagement respectueux envers le monde si on ne reconnaît pas et ne valorise pas en même temps ses capacités particulières de connaissance, de volonté, de liberté et de responsabilité.

119. La critique de l'anthropocentrisme dévié ne devrait pas non plus faire passer au second plan la valeur des relations entre les personnes. Si la crise écologique est l'éclosion ou une manifestation extérieure de la crise éthique, culturelle et spirituelle de la modernité, nous ne pouvons pas prétendre soigner notre relation à la nature et à l'environnement sans assainir toutes les relations fondamentales de l'être humain. Quand la pensée chrétienne revendique une valeur particulière pour l'être humain supérieure à celle des autres créatures, cela donne lieu à une valorisation de chaque personne humaine, et entraîne la reconnaissance de l'autre. L'ouverture à un "tu" capable de connaître, d'aimer, et de dialoguer continue d'être la grande noblesse de la personne humaine. C'est pourquoi, pour une relation convenable avec le monde créé, il n'est pas nécessaire d'affaiblir la dimension sociale de l'être humain ni sa dimension transcendante, son ouverture au "Tu" divin. En effet, on ne peut pas envisager une relation avec l'environnement isolée de la relation avec les autres personnes et avec Dieu. Ce serait un individualisme romantique, déguisé en beauté écologique, et un enfermement asphyxiant dans l'immanence.

120. Puisque tout est lié, la défense de la nature n'est pas compatible non plus avec la justification de l'avortement. Un chemin éducatif pour accueillir les personnes faibles de notre entourage, qui parfois dérangent et sont inopportunes, ne semble pas praticable si l'on ne protège pas l'embryon humain, même si sa venue cause de la gêne et des difficultés : «Si la sensibilité personnelle et sociale à l'accueil d'une nouvelle vie se perd, alors d'autres formes d'accueil utiles à la vie sociale se dessèchent».[97]

121. Le développement d'une nouvelle synthèse qui dépasse les fausses dialectiques des derniers siècles reste en suspens. Le christianisme lui-même, en se maintenant fidèle à son identité et au trésor de vérité qu'il a reçu de Jésus-Christ, se repense toujours et se réexprime dans le dialogue avec les nouvelles situations historiques, laissant apparaître ainsi son éternelle nouveauté.[98]

Le relativisme pratique

122. Un anthropocentrisme dévié donne lieu à un style de vie dévié. Dans l'Exhortation apostolique *Evangelii gaudium*, j'ai fait référence au relativisme pratique qui caractérise notre époque, et qui est «encore plus dangereux que le relativisme

[97] Id., Lett. enc. *Caritas in veritate* (29 juin 2009), n. 28 : *AAS* 101 (2009), 663.

[98] Cf. VINCENT DE LERINS, *Commonitorium primumm*, chap. 23 : PL 50, 668 : «Ut annis scilicet consolidetur, dilatetur tempore, sublimetur aetate».

doctrinal».[99] Quand l'être humain se met lui-même au centre, il finit par donner la priorité absolue à ses intérêts de circonstance, et tout le reste devient relatif. Par conséquent, il n'est pas étonnant que, avec l'omniprésence du paradigme technocratique et le culte du pouvoir humain sans limites, se développe chez les personnes ce relativisme dans lequel tout ce qui ne sert pas aux intérêts personnels immédiats est privé d'importance. Il y a en cela une logique qui permet de comprendre comment certaines attitudes, qui provoquent en même temps la dégradation de l'environnement et la dégradation sociale, s'alimentent mutuellement.

123. La culture du relativisme est la même pathologie qui pousse une personne à exploiter son prochain et à le traiter comme un pur objet, l'obligeant aux travaux forcés, ou en faisant de lui un esclave à cause d'une dette. C'est la même logique qui pousse à l'exploitation sexuelle des enfants ou à l'abandon des personnes âgées qui ne servent pas des intérêts personnels. C'est aussi la logique intérieure de celui qui dit : 'Laissons les forces invisibles du marché réguler l'économie, parce que ses impacts sur la société et sur la nature sont des dommages inévitables'. S'il n'existe pas de vérités objectives ni de principes solides hors de la réalisation de projets personnels et de la satisfaction de nécessités immédiates, quelles limites peuvent alors avoir la traite des êtres humains, la criminalité organisée, le narcotrafic, le commerce de diamants ensanglantés et de peaux d'animaux en voie d'extinction ? N'est-ce

[99] N. 80 : *AAS* 105 (2013), 1053.

pas la même logique relativiste qui justifie l'achat d'organes des pauvres dans le but de les vendre ou de les utiliser pour l'expérimentation, ou le rejet d'enfants parce qu'ils ne répondent pas au désir de leurs parents ? C'est la même logique du "utilise et jette", qui engendre tant de résidus, seulement à cause du désir désordonné de consommer plus qu'il n'est réellement nécessaire. Par conséquent, nous ne pouvons pas penser que les projets politiques et la force de la loi seront suffisants pour que soient évités les comportements qui affectent l'environnement, car, lorsque la culture se corrompt et qu'on ne reconnaît plus aucune vérité objective ni de principes universellement valables, les lois sont comprises uniquement comme des impositions arbitraires et comme des obstacles à contourner.

La nécessité de préserver le travail

124. Dans n'importe quelle approche d'une écologie intégrale qui n'exclue pas l'être humain, il est indispensable d'incorporer la valeur du travail, développée avec grande sagesse par saint Jean-Paul II dans son Encyclique *Laborem exercens*. Rappelons que, selon le récit biblique de la création, Dieu a placé l'être humain dans le jardin à peine créé (cf. *Gn* 2, 15) non seulement pour préserver ce qui existe (protéger) mais aussi pour le travailler de manière à ce qu'il porte du fruit (labourer). Ainsi, les ouvriers et les artisans «assurent une création éternelle» (*Si* 38, 34). En réalité, l'intervention humaine qui vise le développement prudent du créé est la forme la plus adéquate d'en prendre soin, parce qu'elle implique de se considérer comme instrument de

Dieu pour aider à faire apparaître les potentialités qu'il a lui-même mises dans les choses : «Le Seigneur a créé les plantes médicinales, l'homme avisé ne les méprise pas» (*Si* 38, 4).

125. Si nous essayons de considérer quelles sont les relations adéquates de l'être humain avec le monde qui l'entoure, la nécessité d'une conception correcte du travail émerge, car si nous parlons de la relation de l'être humain avec les choses, la question du sens et de la finalité de l'action humaine sur la réalité apparaît. Nous ne parlons pas seulement du travail manuel ou du travail de la terre, mais de toute activité qui implique quelque transformation de ce qui existe, depuis l'élaboration d'une étude sociale jusqu'au projet de développement technologique. N'importe quelle forme de travail suppose une conception d'une relation que l'être humain peut ou doit établir avec son semblable. La spiritualité chrétienne, avec l'admiration contemplative des créatures que nous trouvons chez saint François d'Assise, a développé aussi une riche et saine compréhension du travail, comme nous pouvons le voir, par exemple, dans la vie du bienheureux Charles de Foucauld et de ses disciples.

126. Recueillons aussi quelque chose de la longue tradition du monachisme. Au commencement, il favorisait, d'une certaine manière, la fuite du monde, essayant d'échapper à la décadence urbaine. Voilà pourquoi les moines cherchaient le désert, convaincus que c'était le lieu propice pour

reconnaître la présence de Dieu. Plus tard, saint Benoît de Nurcie a proposé que ses moines vivent en communauté, alliant la prière et la lecture au travail manuel ("*Ora et labora*"). Cette introduction du travail manuel, imprégné de sens spirituel, était révolutionnaire. On a appris à chercher la maturation et la sanctification dans la compénétration du recueillement et du travail. Cette manière de vivre le travail nous rend plus attentifs et plus respectueux de l'environnement, elle imprègne de saine sobriété notre relation au monde.

127. Nous disons que «l'homme est l'auteur, le centre et le but de toute la vie économico-sociale».[100] Malgré cela, quand la capacité de contempler et de respecter est détériorée chez l'être humain, les conditions sont créées pour que le sens du travail soit défiguré.[101] Il faut toujours se rappeler que l'être humain est «capable d'être lui-même l'agent responsable de son mieux-être matériel, de son progrès moral, et de son épanouissement spirituel».[102] Le travail devrait être le lieu de ce développement personnel multiple où plusieurs dimensions de la vie sont en jeu : la créativité, la projection vers l'avenir, le développement des capacités, la mise en pratique de valeurs, la communication avec les autres, une attitude d'adoration. C'est pourquoi,

[100] Conc. Œcuménique. Vat. II, Const. past. *Gaudium et spes*, sur l'Église dans le monde de ce temps, n. 63.

[101] Cf. Jean-Paul II, Lett. enc. *Centesimus annus* (1er mai 1991), n. 37 : *AAS* 83 (1991), 840.

[102] Paul VI, Lett. enc. *Populorum progressio* (26 mars 1967), n. 34 : *AAS* 59 (1967), 274.

dans la réalité sociale mondiale actuelle, au-delà des intérêts limités des entreprises et d'une rationalité économique discutable, il est nécessaire que «l'on continue à *se donner comme objectif prioritaire l'accès au travail*...pour tous».[103]

128. Nous sommes appelés au travail dès notre création. On ne doit pas chercher à ce que le progrès technologique remplace de plus en plus le travail humain, car ainsi l'humanité se dégraderait elle-même. Le travail est une nécessité, il fait partie du sens de la vie sur cette terre, chemin de maturation, de développement humain et de réalisation personnelle. Dans ce sens, aider les pauvres avec de l'argent doit toujours être une solution provisoire pour affronter des urgences. Le grand objectif devrait toujours être de leur permettre d'avoir une vie digne par le travail. Mais l'orientation de l'économie a favorisé une sorte d'avancée technologique pour réduire les coûts de production par la diminution des postes de travail qui sont remplacés par des machines. C'est une illustration de plus de la façon dont l'action de l'être humain peut se retourner contre lui-même. La diminution des postes de travail «a aussi un impact négatif sur le plan économique à travers l'érosion progressive du "capital social", c'est-à-dire de cet ensemble de relations de confiance, de fiabilité, de respect des règles indispensables à toute coexistence civile».[104] En définitive, «*les coûts humains sont toujours aussi des*

[103] Benoît XVI, Lett. enc. *Caritas in veritate* (29 juin 2009), n. 32 : *AAS* 101 (2009), 666.

[104] *Ibid.*

coûts économiques, et les dysfonctionnements économiques entraînent toujours des coûts humains ».[105] Cesser d'investir dans les personnes pour obtenir plus de profit immédiat est une très mauvaise affaire pour la société.

129. Pour qu'il continue d'être possible de donner du travail, il est impérieux de promouvoir une économie qui favorise la diversité productive et la créativité entrepreneuriale. Par exemple, il y a une grande variété de systèmes alimentaires ruraux de petites dimensions qui continuent à alimenter la plus grande partie de la population mondiale, en utilisant une faible proportion du territoire et de l'eau, et en produisant peu de déchets, que ce soit sur de petites parcelles agricoles, vergers, ou grâce à la chasse, à la cueillette et la pêche artisanale, entre autres. Les économies d'échelle, spécialement dans le secteur agricole, finissent par forcer les petits agriculteurs à vendre leurs terres ou à abandonner leurs cultures traditionnelles. Les tentatives de certains pour développer d'autres formes de production plus diversifiées, finissent par être vaines en raison des difficultés pour entrer sur les marchés régionaux et globaux, ou parce que l'infrastructure de vente et de transport est au service des grandes entreprises. Les autorités ont le droit et la responsabilité de prendre des mesures de soutien clair et ferme aux petits producteurs et à la variété de la production. Pour qu'il y ait une liberté économique dont tous

[105] *Ibid.*

puissent effectivement bénéficier, il peut parfois être nécessaire de mettre des limites à ceux qui ont plus de moyens et de pouvoir financier. Une liberté économique seulement déclamée, tandis que les conditions *réelles* empêchent beaucoup de pouvoir y accéder concrètement et que l'accès au travail se détériore, devient un discours contradictoire qui déshonore la politique. L'activité d'entreprise, qui est une vocation noble orientée à produire de la richesse et à améliorer le monde pour tous, peut être une manière très féconde de promouvoir la région où elle installe ses projets ; surtout si on comprend que la création de postes de travail est une partie incontournable de son service du bien commun.

L'innovation biologique à partir de la recherche

130. Dans la vision philosophique et théologique de la création que j'ai cherché à proposer, il reste clair que la personne humaine, avec la particularité de sa raison et de sa science, n'est pas un facteur extérieur qui doit être totalement exclu. Cependant, même si l'être humain peut intervenir sur le monde végétal et animal et en faire usage quand c'est nécessaire pour sa vie, le *Catéchisme* enseigne que les expérimentations sur les animaux sont légitimes seulement « si elles restent dans des limites raisonnables et contribuent à soigner ou sauver des vies humaines ».[106] Il rappelle avec fermeté que le pouvoir de l'homme a des limites et

[106] *Catéchisme de l'Église Catholique*, n. 2417.

qu'«il est contraire à la dignité humaine de faire souffrir inutilement les animaux et de gaspiller leurs vies».[107] Toute utilisation ou expérimentation «exige un respect religieux de l'intégrité de la création».[108]

131. Je veux recueillir ici la position équilibrée de saint Jean-Paul II, mettant en évidence les bienfaits des progrès scientifiques et technologiques, qui «manifestent la noblesse de la vocation de l'homme à participer de manière responsable à l'action créatrice de Dieu dans le monde». Mais en même temps il rappelait qu'« aucune intervention dans un domaine de l'écosystème ne peut se dispenser de prendre en considération ses conséquences dans d'autres domaines».[109] Il soulignait que l'Église valorise l'apport de «l'étude et des applications de la biologie moléculaire, complétée par d'autres disciplines, comme la génétique et son application technologique dans l'agriculture et dans l'industrie»[110], même s'il affirme aussi que cela ne doit pas donner lieu à une «manipulation génétique menée sans discernement»[111] qui ignore les effets négatifs de ces interventions. Il n'est pas possible de freiner la créativité humaine. Si on ne peut interdire à un artiste de déployer sa capacité créatrice, on ne peut pas non plus inhi-

[107] *Ibid.*, n. 2418.

[108] *Ibid.*, n. 2415.

[109] *Message pour la Journée Mondiale de la Paix 1990*, n. 6 : *AAS* 82 (1990), 150.

[110] *Discours à l'Académie Pontificale des Sciences* (3 octobre 1981), n. 3 : *Insegnamenti* 4/2 (1981), 333.

[111] *Message pour la Journée Mondiale de la Paix 1990*, n. 7 : *AAS* 82 (1990), 151.

ber ceux qui ont des dons spéciaux pour le développement scientifique et technologique, dont les capacités ont été données par Dieu pour le service des autres. En même temps, on ne peut pas cesser de préciser toujours davantage les objectifs, les effets, le contexte et les limites éthiques de cette activité humaine qui est une forme de pouvoir comportant de hauts risques.

132. C'est dans ce cadre que devrait se situer toute réflexion autour de l'intervention humaine sur les végétaux et les animaux qui implique aujourd'hui des mutations génétiques générées par la biotechnologie, dans le but d'exploiter les possibilités présentes dans la réalité matérielle. Le respect de la foi envers la raison demande de prêter attention à ce que la science biologique elle-même, développée de manière indépendante par rapport aux intérêts économiques, peut enseigner sur les structures biologiques ainsi que sur leurs possibilités et leurs mutations. Quoiqu'il en soit, l'intervention légitime est celle qui agit sur la nature « pour l'aider à s'épanouir dans sa ligne, celle de la création, celle voulue par Dieu ».[112]

133. Il est difficile d'émettre un jugement général sur les développements de transgéniques (OMG), végétaux ou animaux, à des fins médicales ou agro-pastorales, puisqu'ils peuvent être très divers entre eux et nécessiter des considérations différentes. D'autre part, les risques ne sont

[112] JEAN-PAUL II, *Discours à la 35ème Assemblée Générale de l'Association Médicale Mondiale* (29 octobre 1983), n. 6 : *AAS* 76 (1984), 394.

pas toujours dus à la technique en soi, mais à son application inadaptée ou excessive. En réalité, les mutations génétiques ont été, et sont très souvent, produites par la nature elle-même. Même celles provoquées par l'intervention humaine ne sont pas un phénomène moderne. La domestication des animaux, le croisement des espèces et autres pratiques anciennes et universellement acceptées peuvent entrer dans ces considérations. Il faut rappeler que le début des développements scientifiques de céréales transgéniques a été l'observation d'une bactérie qui produit naturellement et spontanément une modification du génome d'un végétal. Mais dans la nature, ces processus ont un rythme lent qui n'est pas comparable à la rapidité qu'imposent les progrès technologiques actuels, même quand ces avancées font suite à un développement scientifique de plusieurs siècles.

134. Même en l'absence de preuves irréfutables du préjudice que pourraient causer les céréales transgéniques aux êtres humains, et même si, dans certaines régions, leur utilisation est à l'origine d'une croissance économique qui a aidé à résoudre des problèmes, il y a des difficultés importantes qui ne doivent pas être relativisées. En de nombreux endroits, suite à l'introduction de ces cultures, on constate une concentration des terres productives entre les mains d'un petit nombre, due à «la disparition progressive des petits producteurs, qui, en conséquence de la perte de terres exploitables, se sont vus obligés de se retirer de la production

directe».[113] Les plus fragiles deviennent des travailleurs précaires, et beaucoup d'employés ruraux finissent par migrer dans de misérables implantations urbaines. L'extension de la surface de ces cultures détruit le réseau complexe des écosystèmes, diminue la diversité productive, et compromet le présent ainsi que l'avenir des économies régionales. Dans plusieurs pays, on perçoit une tendance au développement des oligopoles dans la production de grains et d'autres produits nécessaires à leur culture, et la dépendance s'aggrave encore avec la production de grains stériles qui finirait par obliger les paysans à en acheter aux entreprises productrices.

135. Sans doute, une attention constante, qui porte à considérer tous les aspects éthiques concernés, est nécessaire. Pour cela, il faut garantir une discussion scientifique et sociale qui soit responsable et large, capable de prendre en compte toute l'information disponible et d'appeler les choses par leur nom. Parfois, on ne met pas à disposition toute l'information, qui est sélectionnée selon les intérêts particuliers, qu'ils soient politiques, économiques ou idéologiques. De ce fait, il devient difficile d'avoir un jugement équilibré et prudent sur les diverses questions, en prenant en compte tous les paramètres pertinents. Il est nécessaire d'avoir des espaces de discussion où tous ceux qui, de quelque manière, pourraient être directement ou indirec-

[113] Conference Episcopale d'Argentine : Commission de pastorale sociale, *Una tierra para todos* (juin 2005), 19.

tement concernés (agriculteurs, consommateurs, autorités, scientifiques, producteurs de semences, populations voisines des champs traités, et autres) puissent exposer leurs problématiques ou accéder à l'information complète et fiable pour prendre des décisions en faveur du bien commun présent et futur. Il s'agit d'une question d'environnement complexe dont le traitement exige un regard intégral sous tous ses aspects, et cela requiert au moins un plus grand effort pour financer les diverses lignes de recherche, autonomes et interdisciplinaires, en mesure d'apporter une lumière nouvelle.

136. D'autre part, il est préoccupant que certains mouvements écologistes qui défendent l'intégrité de l'environnement et exigent avec raison certaines limites à la recherche scientifique, n'appliquent pas parfois ces mêmes principes à la vie humaine. En général, on justifie le dépassement de toutes les limites quand on fait des expérimentations sur les embryons humains vivants. On oublie que la valeur inaliénable de l'être humain va bien au-delà de son degré de développement. Du reste, quand la technique ignore les grands principes éthiques, elle finit par considérer comme légitime n'importe quelle pratique. Comme nous l'avons vu dans ce chapitre, la technique séparée de l'éthique sera difficilement capable d'autolimiter son propre pouvoir.

QUATRIEME CHAPITRE

UNE ECOLOGIE INTEGRALE

137. Étant donné que tout est intimement lié, et que les problèmes actuels requièrent un regard qui tienne compte de tous les aspects de la crise mondiale, je propose à présent que nous nous arrêtions pour penser aux diverses composantes d'une *écologie intégrale*, qui a clairement des dimensions humaines et sociales.

I. L'ÉCOLOGIE ENVIRONNEMENTALE, ÉCONOMIQUE ET SOCIALE

138. L'écologie étudie les relations entre les organismes vivants et l'environnement où ceux-ci se développent. Cela demande de s'asseoir pour penser et pour discuter avec honnêteté des conditions de vie et de survie d'une société, pour remettre en question les modèles de développement, de production et de consommation. Il n'est pas superflu d'insister sur le fait que tout est lié. Le temps et l'espace ne sont pas indépendants l'un de l'autre, et même les atomes ou les particules sous-atomiques ne peuvent être considérés séparément. Tout comme les différentes composantes de la planète – physiques, chimiques et biologiques – sont reliées entre elles, de même les espèces vivantes constituent un réseau que nous n'avons pas encore fini d'identifier et de comprendre. Une bonne partie de

notre information génétique est partagée par beaucoup d'êtres vivants. Voilà pourquoi les connaissances fragmentaires et isolées peuvent devenir une forme d'ignorance si elles refusent de s'intégrer dans une plus ample vision de la réalité.

139. Quand on parle d'"environnement", on désigne en particulier une relation, celle qui existe entre la nature et la société qui l'habite. Cela nous empêche de concevoir la nature comme séparée de nous ou comme un simple cadre de notre vie. Nous sommes inclus en elle, nous en sommes une partie, et nous sommes enchevêtrés avec elle. Les raisons pour lesquelles un endroit est pollué exigent une analyse du fonctionnement de la société, de son économie, de son comportement, de ses manières de comprendre la réalité. Étant donné l'ampleur des changements, il n'est plus possible de trouver une réponse spécifique et indépendante à chaque partie du problème. Il est fondamental de chercher des solutions intégrales qui prennent en compte les interactions des systèmes naturels entre eux et avec les systèmes sociaux. Il n'y a pas deux crises séparées, l'une environnementale et l'autre sociale, mais une seule et complexe crise socio-environnementale. Les possibilités de solution requièrent une approche intégrale pour combattre la pauvreté, pour rendre la dignité aux exclus et simultanément pour préserver la nature.

140. À cause de la quantité et de la variété des éléments à prendre en compte, il devient indispensable, au moment de déterminer l'impact d'une initiative concrète sur l'environnement, de donner aux chercheurs un rôle prépondérant et de faciliter leur

interaction, dans une grande liberté académique. Ces recherches constantes devraient permettre de reconnaître aussi comment les différentes créatures sont liées et constituent ces unités plus grandes qu'aujourd'hui nous nommons "écosystèmes". Nous ne les prenons pas en compte seulement pour déterminer quelle est leur utilisation rationnelle, mais en raison de leur valeur intrinsèque indépendante de cette utilisation. Tout comme chaque organisme est bon et admirable, en soi, parce qu'il est une créature de Dieu, il en est de même de l'ensemble harmonieux d'organismes dans un espace déterminé, fonctionnant comme un système. Bien que nous n'en ayons pas conscience, nous dépendons de cet ensemble pour notre propre existence. Il faut rappeler que les écosystèmes interviennent dans la capture du dioxyde de carbone, dans la purification de l'eau, dans le contrôle des maladies et des épidémies, dans la formation du sol, dans la décomposition des déchets, et dans beaucoup d'autres services que nous oublions ou ignorons. Beaucoup de personnes, remarquant cela, recommencent à prendre conscience du fait que nous vivons et agissons à partir d'une réalité qui nous a été offerte au préalable, qui est antérieure à nos capacités et à notre existence. Voilà pourquoi, quand on parle d'une "utilisation durable", il faut toujours y inclure la capacité de régénération de chaque écosystème dans ses divers domaines et aspects.

141. Par ailleurs, la croissance économique tend à produire des automatismes et à homogénéiser, en vue de simplifier les procédures et de réduire les coûts. C'est pourquoi une écologie économique est nécessaire, capable d'obliger à considérer la réa-

lité de manière plus ample. En effet, «la protection de l'environnement doit faire partie intégrante du processus de développement et ne peut être considérée isolément».[114] Mais en même temps, devient actuelle la nécessité impérieuse de l'humanisme qui, en soi, fait appel aux différents savoirs, y compris à la science économique, pour un regard plus intégral et plus intégrant. Aujourd'hui l'analyse des problèmes environnementaux est inséparable de l'analyse des contextes humains, familiaux, de travail, urbains, et de la relation de chaque personne avec elle-même qui génère une façon déterminée d'entrer en rapport avec les autres et avec l'environnement. Il y a une interaction entre les écosystèmes et entre les divers mondes de référence sociale, et ainsi, une fois de plus, il s'avère que «le tout est supérieur à la partie».[115]

142. Si tout est lié, l'état des institutions d'une société a aussi des conséquences sur l'environnement et sur la qualité de vie humaine : «Toute atteinte à la solidarité et à l'amitié civique provoque des dommages à l'environnement».[116] Dans ce sens, l'écologie sociale est nécessairement institutionnelle et atteint progressivement les différentes dimensions qui vont du groupe social primaire, la famille, en passant par la communauté locale et la Nation, jusqu'à la vie internationale. À l'intérieur de chacun

[114] *Déclaration de Rio sur l'environnement et le développement* (14 juin 1992), Principe 4.

[115] Exhort. apost. *Evangelii gaudium* (24 novembre 2013), n. 237 : *AAS* 105 (2013), 1116.

[116] Benoît XVI, Lett. enc. *Caritas in veritate* (29 juin 2009), n. 51 : *AAS* 101 (2009), 687.

des niveaux sociaux et entre eux, se développent les institutions qui régulent les relations humaines. Tout ce qui leur porte préjudice a des effets nocifs, comme la perte de la liberté, l'injustice et la violence. Divers pays s'alignent sur un niveau institutionnel précaire, au prix de la souffrance des populations et au bénéfice de ceux qui tirent profit de cet état des choses. Tant dans l'administration de l'État que dans les diverses expressions de la société civile, ou dans les relations entre citoyens, on constate très souvent des conduites éloignées des lois. Celles-ci peuvent être correctement écrites, mais restent ordinairement lettre morte. Peut-on alors espérer que la législation et les normes relatives à l'environnement soient réellement efficaces ? Nous savons, par exemple, que des pays dotés d'une législation claire pour la protection des forêts continuent d'être des témoins muets de la violation fréquente de ces lois. En outre, ce qui se passe dans une région exerce, directement ou indirectement, des influences sur les autres régions. Ainsi, par exemple, la consommation de narcotiques dans les sociétés opulentes provoque une demande constante ou croissante de ces produits provenant de régions appauvries, où les conduites se corrompent, des vies sont détruites et où l'environnement finit par se dégrader.

II. L'écologie culturelle

143. Il y a, avec le patrimoine naturel, un patrimoine historique, artistique et culturel, également menacé. Il fait partie de l'identité commune d'un lieu et il est une base pour construire une ville habitable. Il ne s'agit pas de détruire, ni de créer de nouvelles villes soi-disant plus écologiques, où il

ne fait pas toujours bon vivre. Il faut prendre en compte l'histoire, la culture et l'architecture d'un lieu, en maintenant son identité originale. Voilà pourquoi l'écologie suppose aussi la préservation des richesses culturelles de l'humanité au sens le plus large du terme. D'une manière plus directe, elle exige qu'on fasse attention aux cultures locales, lorsqu'on analyse les questions en rapport avec l'environnement, en faisant dialoguer le langage scientifique et technique avec le langage populaire. C'est la culture, non seulement dans le sens des monuments du passé mais surtout dans son sens vivant, dynamique et participatif, qui ne peut pas être exclue lorsqu'on repense la relation de l'être humain avec l'environnement.

144. La vision consumériste de l'être humain, encouragée par les engrenages de l'économie globalisée actuelle, tend à homogénéiser les cultures et à affaiblir l'immense variété culturelle, qui est un trésor de l'humanité. C'est pourquoi prétendre résoudre toutes les difficultés à travers des réglementations uniformes ou des interventions techniques, conduit à négliger la complexité des problématiques locales qui requièrent l'intervention active des citoyens. Les nouveaux processus en cours ne peuvent pas toujours être incorporés dans des schémas établis de l'extérieur, mais ils doivent partir de la culture locale elle-même. Comme la vie et le monde sont dynamiques, la préservation du monde doit être flexible et dynamique. Les solutions purement techniques courent le risque de s'occuper des symptômes qui ne répondent pas aux problématiques les

plus profondes. Il faut y inclure la perspective des droits des peuples et des cultures, et comprendre ainsi que le développement d'un groupe social suppose un processus historique dans un contexte culturel, et requiert de la part des acteurs sociaux locaux un engagement constant en première ligne, *à partir de leur propre culture*. Même la notion de qualité de vie ne peut être imposée, mais elle doit se concevoir à l'intérieur du monde des symboles et des habitudes propres à chaque groupe humain.

145. Beaucoup de formes hautement concentrées d'exploitation et de dégradation de l'environnement peuvent non seulement épuiser les ressources de subsistance locales, mais épuiser aussi les capacités sociales qui ont permis un mode de vie ayant donné, pendant longtemps, une identité culturelle ainsi qu'un sens de l'existence et de la cohabitation. La disparition d'une culture peut être aussi grave ou plus grave que la disparition d'une espèce animale ou végétale. L'imposition d'un style de vie hégémonique lié à un mode de production peut être autant nuisible que l'altération des écosystèmes.

146. Dans ce sens, il est indispensable d'accorder une attention spéciale aux communautés aborigènes et à leurs traditions culturelles. Elles ne constituent pas une simple minorité parmi d'autres, mais elles doivent devenir les principaux interlocuteurs, surtout lorsqu'on développe les grands projets qui affectent leurs espaces. En effet, la terre n'est pas pour ces communautés

un bien économique, mais un don de Dieu et des ancêtres qui y reposent, un espace sacré avec lequel elles ont besoin d'interagir pour soutenir leur identité et leurs valeurs. Quand elles restent sur leurs territoires, ce sont précisément elles qui les préservent le mieux. Cependant, en diverses parties du monde, elles font l'objet de pressions pour abandonner leurs terres afin de les laisser libres pour des projets d'extraction ainsi que pour des projets agricoles et de la pêche, qui ne prêtent pas attention à la dégradation de la nature et de la culture.

III. L'écologie de la vie quotidienne

147. Pour parler d'un authentique développement il faut s'assurer qu'une amélioration intégrale dans la qualité de vie humaine se réalise ; et cela implique d'analyser l'espace où vivent les personnes. Le cadre qui nous entoure influe sur notre manière de voir la vie, de sentir et d'agir. En même temps, dans notre chambre, dans notre maison, sur notre lieu de travail et dans notre quartier, nous utilisons l'environnement pour exprimer notre identité. Nous nous efforçons de nous adapter au milieu, et quand un environnement est désordonné, chaotique ou chargé de pollution visuelle et auditive, l'excès de stimulations nous met au défi d'essayer de construire une identité intégrée et heureuse.

148. La créativité et la générosité sont admirables de la part de personnes comme de groupes qui sont capables de transcender les limites de

l'environnement, en modifiant les effets négatifs des conditionnements et en apprenant à orienter leur vie au milieu du désordre et de la précarité. Par exemple, dans certains endroits où les façades des édifices sont très abîmées, il y a des personnes qui, avec beaucoup de dignité, prennent soin de l'intérieur de leurs logements, ou bien qui se sentent à l'aise en raison de la cordialité et de l'amitié des gens. La vie sociale positive et bénéfique des habitants répand une lumière sur un environnement apparemment défavorable. Parfois, l'écologie humaine, que les pauvres peuvent développer au milieu de tant de limitations, est louable. La sensation d'asphyxie, produite par l'entassement dans des résidences et dans des espaces à haute densité de population, est contrebalancée si des relations humaines d'un voisinage convivial sont développées, si des communautés sont créées, si les limites de l'environnement sont compensées dans chaque personne qui se sent incluse dans un réseau de communion et d'appartenance. De cette façon, n'importe quel endroit cesse d'être un enfer et devient le cadre d'une vie digne.

149. Il est aussi clair que l'extrême pénurie que l'on vit dans certains milieux qui manquent d'harmonie, d'espace et de possibilités d'intégration, facilite l'apparition de comportements inhumains et la manipulation des personnes par des organisations criminelles. Pour les habitants des quartiers très pauvres, le passage quotidien de l'entassement à l'anonymat social, qui se vit dans les grandes villes, peut provoquer une sen-

sation de déracinement qui favorise les conduites antisociales et la violence. Cependant, je veux insister sur le fait que l'amour est plus fort. Dans ces conditions, beaucoup de personnes sont capables de tisser des liens d'appartenance et de cohabitation, qui transforment l'entassement en expérience communautaire où les murs du moi sont rompus et les barrières de l'égoïsme dépassées. C'est cette expérience de salut communautaire qui ordinairement suscite de la créativité pour améliorer un édifice ou un quartier.[117]

150. Étant donné la corrélation entre l'espace et la conduite humaine, ceux qui conçoivent des édifices, des quartiers, des espaces publics et des villes, ont besoin de l'apport de diverses disciplines qui permettent de comprendre les processus, le symbolisme et les comportements des personnes. La recherche de la beauté de la conception ne suffit pas, parce qu'il est plus précieux encore de servir un autre type de beauté : la qualité de vie des personnes, leur adaptation à l'environnement, la rencontre et l'aide mutuelle. Voilà aussi pourquoi il est si important que les perspectives des citoyens complètent toujours l'analyse de la planification urbaine.

[117] Certains auteurs ont montré les valeurs qui souvent se vivent, par exemple dans les "villas", bidonvilles ou favelas de l'Amérique Latine : cf. Juan Carlos Scannone, *La irrupción del pobre y la logica de la gratuidad*, dans : Juan Carlos Scannone y Marcelo Perine *(edd.), Irrupción del pobre y quehacer filosófico. Hacia una nueva racionalidad*, Buenos Aires 1993, p. 225-230.

151. Il faut prendre soin des lieux publics, du cadre visuel et des signalisations urbaines qui accroissent notre sens d'appartenance, notre sensation d'enracinement, notre sentiment d'"être à la maison", dans la ville qui nous héberge et nous unit. Il est important que les différentes parties d'une ville soient bien intégrées et que les habitants puissent avoir une vision d'ensemble, au lieu de s'enfermer dans un quartier en se privant de vivre la ville tout entière comme un espace vraiment partagé avec les autres. Toute intervention dans le paysage urbain ou rural devrait considérer que les différents éléments d'un lieu forment un tout perçu par les habitants comme un cadre cohérent avec sa richesse de sens. Ainsi les autres cessent d'être des étrangers, et peuvent se sentir comme faisant partie d'un "nous" que nous construisons ensemble. Pour la même raison, tant dans l'environnement urbain que dans l'environnement rural, il convient de préserver certains lieux où sont évitées les interventions humaines qui les modifient constamment.

152. Le manque de logements est grave dans de nombreuses parties du monde, tant dans les zones rurales que dans les grandes villes, parce que souvent les budgets étatiques couvrent seulement une petite partie de la demande. Non seulement les pauvres, mais aussi une grande partie de la société rencontrent de sérieuses difficultés pour accéder à son propre logement. La possession d'un logement est très étroitement liée à la dignité des per-

sonnes et au développement des familles. C'est une question centrale de l'écologie humaine. Si déjà des agglomérations chaotiques de maisons précaires se sont développées dans un lieu, il s'agit surtout d'urbaniser ces quartiers, non d'éradiquer et d'expulser. Quand les pauvres vivent dans des banlieues polluées ou dans des agglomérations dangereuses, «si l'on doit procéder à leur déménagement [...], pour ne pas ajouter la souffrance à la souffrance, il est nécessaire de fournir une information adéquate et préalable, d'offrir des alternatives de logements dignes et d'impliquer directement les intéressés».[118] En même temps, la créativité devrait amener à intégrer les quartiers précaires dans une ville accueillante : «Comme elles sont belles les villes qui dépassent la méfiance malsaine et intègrent ceux qui sont différents, et qui font de cette intégration un nouveau facteur de développement ! Comme elles sont belles les villes qui, même dans leur architecture, sont remplies d'espaces qui regroupent, mettent en relation et favorisent la reconnaissance de l'autre !».[119]

153. La qualité de vie dans les villes est étroitement liée au transport, qui est souvent une cause de grandes souffrances pour les habitants. Dans les villes, circulent beaucoup d'automobiles utilisées seulement par une ou deux personnes, raison pour laquelle la circulation devient difficile,

[118] Conseil Pontifical «Justice et Paix», *Compendium de la Doctrine Sociale de l'Eglise*, n. 482.

[119] Exhort. apost. *Evangelii gaudium* (24 novembre 2013), n. 210 : *AAS* 105 (2013), 1107.

le niveau de pollution élevé, d'énormes quantités d'énergie non renouvelable sont consommées et la construction d'autoroutes supplémentaires se révèle nécessaire ainsi que des lieux de stationnement qui nuisent au tissu urbain. Beaucoup de spécialistes sont unanimes sur la nécessité d'accorder la priorité au transport public. Mais certaines mesures nécessaires seront à grand-peine acceptées pacifiquement par la société sans des améliorations substantielles de ce transport, qui, dans beaucoup de villes, est synonyme de traitement indigne infligé aux personnes à cause de l'entassement, de désagréments ou de la faible fréquence des services et de l'insécurité.

154. La reconnaissance de la dignité particulière de l'être humain contraste bien des fois avec la vie chaotique que les personnes doivent mener dans nos villes. Mais cela ne devrait pas détourner l'attention de l'état d'abandon et d'oubli dont souffrent aussi certains habitants des zones rurales, où les services essentiels n'arrivent pas, et où se trouvent des travailleurs réduits à des situations d'esclavage, sans droits ni perspectives d'une vie plus digne.

155. L'écologie humaine implique aussi quelque chose de très profond : la relation de la vie de l'être humain avec la loi morale inscrite dans sa propre nature, relation nécessaire pour pouvoir créer un environnement plus digne. Benoît XVI affirmait qu'il existe une "écologie de l'homme" parce que «l'homme aussi possède une nature qu'il doit res-

pecter et qu'il ne peut manipuler à volonté».[120] Dans ce sens, il faut reconnaître que notre propre corps nous met en relation directe avec l'environnement et avec les autres êtres vivants. L'acceptation de son propre corps comme don de Dieu est nécessaire pour accueillir et pour accepter le monde tout entier comme don du Père et maison commune ; tandis qu'une logique de domination sur son propre corps devient une logique, parfois subtile, de domination sur la création. Apprendre à recevoir son propre corps, à en prendre soin et à en respecter les significations, est essentiel pour une vraie écologie humaine. La valorisation de son propre corps dans sa féminité ou dans sa masculinité est aussi nécessaire pour pouvoir se reconnaître soi-même dans la rencontre avec celui qui est différent. De cette manière, il est possible d'accepter joyeusement le don spécifique de l'autre, homme ou femme, œuvre du Dieu créateur, et de s'enrichir réciproquement. Par conséquent, l'attitude qui prétend «effacer la différence sexuelle parce qu'elle ne sait plus s'y confronter»[121], n'est pas saine.

IV. Le principe du bien commun

156. L'écologie humaine est inséparable de la notion de bien commun, un principe qui joue un rôle central et unificateur dans l'éthique sociale. C'est «l'ensemble des conditions sociales qui permettent, tant aux groupes qu'à chacun de leurs

[120] *Discours au Deutscher Bundestag*, Berlin (22 septembre 2011) : *AAS* 103 (2011), 668.

[121] *Catéchèse* (15 avril 2015) : OR*f* (16 avril 2015), n. 16, p. 2.

membres, d'atteindre leur perfection d'une façon plus totale et plus aisée ».[122]

157. Le bien commun présuppose le respect de la personne humaine comme telle, avec des droits fondamentaux et inaliénables ordonnés à son développement intégral. Le bien commun exige aussi le bien-être social et le développement des divers groupes intermédiaires, selon le principe de subsidiarité. Parmi ceux-ci, la famille se distingue spécialement comme cellule de base de la société. Finalement, le bien commun requiert la paix sociale, c'est-à-dire la stabilité et la sécurité d'un certain ordre, qui ne se réalise pas sans une attention particulière à la justice distributive, dont la violation génère toujours la violence. Toute la société – et en elle, d'une manière spéciale l'État, – a l'obligation de défendre et de promouvoir le bien commun.

158. Dans les conditions actuelles de la société mondiale, où il y a tant d'inégalités et où sont toujours plus nombreuses les personnes marginalisées, privées des droits humains fondamentaux, le principe du bien commun devient immédiatement comme conséquence logique et inéluctable, un appel à la solidarité et à une option préférentielle pour les plus pauvres. Cette option implique de tirer les conséquences de la destination commune des biens de la terre, mais, comme j'ai essayé de l'exprimer dans l'Exhortation apostolique *Evangelii gaudium*,[123]

[122] Conc. Œcum. Vat. II, Const. past. *Gaudium et spes*, sur l'Église dans le monde de ce temps, n. 26.

[123] Cf. n. 186-201 : *AAS* 105 (2013), 1098-1105.

elle exige de considérer avant tout l'immense dignité du pauvre à la lumière des convictions de foi les plus profondes. Il suffit de regarder la réalité pour comprendre que cette option est aujourd'hui une exigence éthique fondamentale pour la réalisation effective du bien commun.

V. La justice entre générations

159. La notion de bien commun inclut aussi les générations futures. Les crises économiques internationales ont montré de façon crue les effets nuisibles qu'entraîne la méconnaissance d'un destin commun, dont ceux qui viennent derrière nous ne peuvent pas être exclus. On ne peut plus parler de développement durable sans une solidarité intergénérationnelle. Quand nous pensons à la situation dans laquelle nous laissons la planète aux générations futures, nous entrons dans une autre logique, celle du don gratuit que nous recevons et que nous communiquons. Si la terre nous est donnée, nous ne pouvons plus penser seulement selon un critère utilitariste d'efficacité et de productivité pour le bénéfice individuel. Nous ne parlons pas d'une attitude optionnelle, mais d'une question fondamentale de justice, puisque la terre que nous recevons appartient aussi à ceux qui viendront. Les Évêques du Portugal ont exhorté à assumer ce devoir de justice : «L'environnement se situe dans la logique de la réception. C'est un prêt que chaque génération reçoit et doit transmettre à la

génération suivante».[124] Une écologie intégrale possède cette vision ample.

160. Quel genre de monde voulons-nous laisser à ceux qui nous succèdent, aux enfants qui grandissent ? Cette question ne concerne pas seulement l'environnement de manière isolée, parce qu'on ne peut pas poser la question de manière fragmentaire. Quand nous nous interrogeons sur le monde que nous voulons laisser, nous parlons surtout de son orientation générale, de son sens, de ses valeurs. Si cette question de fond n'est pas prise en compte, je ne crois pas que nos préoccupations écologiques puissent obtenir des effets significatifs. Mais si cette question est posée avec courage, elle nous conduit inexorablement à d'autres interrogations très directes : pour quoi passons-nous en ce monde, pour quoi venons-nous à cette vie, pour quoi travaillons-nous et luttons-nous, pour quoi cette terre a-t-elle besoin de nous ? C'est pourquoi, il ne suffit plus de dire que nous devons nous préoccuper des générations futures. Il est nécessaire de réaliser que ce qui est en jeu, c'est notre propre dignité. Nous sommes, nous-mêmes, les premiers à avoir intérêt à laisser une planète habitable à l'humanité qui nous succédera. C'est un drame pour nous-mêmes, parce que cela met en crise le sens de notre propre passage sur cette terre.

[124] CONFERENCE ÉPISCOPALE PORTUGAISE, Lettre pastorale *Responsabilidade solidária pelo bem comum* (15 septembre 2003), 20.

161. Les prévisions catastrophistes ne peuvent plus être considérées avec mépris ni ironie. Nous pourrions laisser trop de décombres, de déserts et de saletés aux prochaines générations. Le rythme de consommation, de gaspillage et de détérioration de l'environnement a dépassé les possibilités de la planète, à tel point que le style de vie actuel, parce qu'il est insoutenable, peut seulement conduire à des catastrophes, comme, de fait, cela arrive déjà périodiquement dans diverses régions. L'atténuation des effets de l'actuel déséquilibre dépend de ce que nous ferons dans l'immédiat, surtout si nous pensons à la responsabilité que ceux qui devront supporter les pires conséquences nous attribueront.

162. La difficulté de prendre au sérieux ce défi est en rapport avec une détérioration éthique et culturelle, qui accompagne la détérioration écologique. L'homme et la femme du monde post-moderne courent le risque permanent de devenir profondément individualistes, et beaucoup de problèmes sociaux sont liés à la vision égoïste actuelle axée sur l'immédiateté, aux crises des liens familiaux et sociaux, aux difficultés de la reconnaissance de l'autre. Bien des fois, il y a une consommation des parents, immédiate et excessive, qui affecte leurs enfants de plus en plus de difficultés pour acquérir une maison et pour fonder une famille. En outre, notre incapacité à penser sérieusement aux générations futures est liée à notre incapacité à élargir notre conception des intérêts actuels et à penser

à ceux qui demeurent exclus du développement. Ne pensons pas seulement aux pauvres de l'avenir, souvenons-nous déjà des pauvres d'aujourd'hui, qui ont peu d'années de vie sur cette terre et ne peuvent pas continuer d'attendre. C'est pourquoi, «au-delà d'une loyale solidarité intergénérationnelle, l'urgente nécessité morale d'une *solidarité intra-générationnelle* renouvelée doit être réaffirmée».[125]

[125] BENOÎT XVI, *Message pour la Journée Mondiale de la Paix 2010*, n. 8 : *AAS* 102 (2010), 45.

CINQUIEME CHAPITRE

QUELQUES LIGNES D'ORIENTATION ET D'ACTION

163. J'ai cherché à analyser la situation actuelle de l'humanité, tant dans les fissures qui s'observent sur la planète que nous habitons, que dans les causes plus profondément humaines de la dégradation de l'environnement. Bien que cette observation de la réalité nous montre déjà en soi la nécessité d'un changement de direction, et nous suggère certaines actions, essayons à présent de tracer les grandes lignes de dialogue à même de nous aider à sortir de la spirale d'autodestruction dans laquelle nous nous enfonçons.

I. Le dialogue sur l'environnement dans la politique internationale

164. Depuis la moitié du siècle dernier, après avoir surmonté beaucoup de difficultés, on a eu de plus en plus tendance à concevoir la planète comme une patrie, et l'humanité comme un peuple qui habite une maison commune. Que le monde soit interdépendant ne signifie pas seulement comprendre que les conséquences préjudiciables des modes de vie, de production et de consommation affectent tout le monde, mais surtout faire en sorte que les solutions soient proposées dans une pers-

pective globale, et pas seulement pour défendre les intérêts de certains pays. L'interdépendance nous oblige à penser à *un monde unique, à un projet commun*. Mais la même intelligence que l'on déploie pour un impressionnant développement technologique, ne parvient pas à trouver des formes efficaces de gestion internationale pour résoudre les graves difficultés environnementales et sociales. Pour affronter les problèmes de fond qui ne peuvent pas être résolus par les actions de pays isolés, un consensus mondial devient indispensable, qui conduirait, par exemple, à programmer une agriculture durable et diversifiée, à développer des formes d'énergies renouvelables et peu polluantes, à promouvoir un meilleur rendement énergétique, une gestion plus adéquate des ressources forestières et marines, à assurer l'accès à l'eau potable pour tous.

165. Nous savons que la technologie reposant sur les combustibles fossiles très polluants – surtout le charbon, mais aussi le pétrole et, dans une moindre mesure, le gaz – a besoin d'être remplacée, progressivement et sans retard. Tant qu'il n'y aura pas un développement conséquent des énergies renouvelables, développement qui devrait être déjà en cours, il est légitime de choisir le moindre mal et de recourir à des solutions transitoires. Cependant, on ne parvient pas, dans la communauté internationale, à des accords suffisants sur la responsabilité de ceux qui doivent supporter les coûts de la transition énergétique. Ces dernières décennies, les questions d'environnement ont généré un large débat public qui a fait grandir dans la société civile des espaces pour de nombreux enga-

gements et un généreux dévouement. La politique et l'entreprise réagissent avec lenteur, loin d'être à la hauteur des défis mondiaux. En ce sens, alors que l'humanité de l'époque post-industrielle sera peut-être considérée comme l'une des plus irresponsables de l'histoire, il faut espérer que l'humanité du début du XXIème siècle pourra rester dans les mémoires pour avoir assumé avec générosité ses graves responsabilités.

166. Le mouvement écologique mondial a déjà fait un long parcours, enrichi par les efforts de nombreuses organisations de la société civile. Il n'est pas possible ici de les mentionner toutes, ni de retracer l'histoire de leurs apports. Mais grâce à un fort engagement, les questions environnementales ont été de plus en plus présentes dans l'agenda public et sont devenues une invitation constante à penser à long terme. Cependant, les Sommets mondiaux de ces dernières années sur l'environnement n'ont pas répondu aux attentes parce que, par manque de décision politique, ils ne sont pas parvenus à des accords généraux, vraiment significatifs et efficaces, sur l'environnement.

167. Il convient de mettre l'accent sur le Sommet planète Terre, réuni en 1992 à Rio de Janeiro. Il y a été proclamé que «les êtres humains sont au centre des préoccupations relatives au développement durable».[126] Reprenant des éléments de la Déclaration de Stockholm (1972), il a consacré la

[126] *Déclaration de Rio sur l'environnement et le développement* (14 juin 1992), Principe 1.

coopération internationale pour préserver l'écosystème de la terre entière, l'obligation pour celui qui pollue d'en assumer économiquement la charge, le devoir d'évaluer l'impact sur l'environnement de toute entreprise ou projet. Il a proposé comme objectif de stabiliser les concentrations de gaz à effet de serre dans l'atmosphère pour inverser la tendance au réchauffement global. Il a également élaboré un agenda avec un programme d'action et un accord sur la diversité biologique, il a déclaré des principes en matière de forêts. Même si ce Sommet a vraiment été innovateur et prophétique pour son époque, les accords n'ont été que peu mis en œuvre parce qu'aucun mécanisme adéquat de contrôle, de révision périodique et de sanction en cas de manquement, n'avait été établi. Les principes énoncés demandent encore des moyens, efficaces et souples, de mise en œuvre pratique.

168. Parmi les expériences positives, on peut mentionner, par exemple, la Convention de Bâle sur le contrôle des mouvements transfrontaliers de déchets dangereux et leur élimination, avec un système de déclaration, de standards et de contrôles ; on peut citer également la Convention sur le commerce international des espèces de faune et de flore sauvages menacées d'extinction, qui inclut des missions de vérification de son respect effectif. Grâce à la Convention de Vienne pour la protection de la couche d'ozone, et sa mise en œuvre à travers le Protocole de Montréal et ses amendements, le problème de l'amincissement de cette couche semble être entré dans une phase de solution.

169. Pour ce qui est de la protection de la diversité biologique et en ce qui concerne la désertification, les avancées ont été beaucoup moins significatives. S'agissant du changement climatique, les avancées sont hélas très médiocres. La réduction des gaz à effet de serre exige honnêteté, courage et responsabilité, surtout de la part des pays les plus puissants et les plus polluants. La Conférence des Nations Unies sur le développement durable, dénommée Rio+20 (Rio de Janeiro 2012), a émis un long et inefficace Document final. Les négociations internationales ne peuvent pas avancer de manière significative en raison de la position des pays qui mettent leurs intérêts nationaux au dessus du bien commun général. Ceux qui souffriront des conséquences que nous tentons de dissimuler rappelleront ce manque de conscience et de responsabilité. Alors que se préparait cette Encyclique, le débat a atteint une intensité particulière. Nous, les croyants, nous ne pouvons pas cesser de demander à Dieu qu'il y ait des avancées positives dans les discussions actuelles, de manière à ce que les générations futures ne souffrent pas des conséquences d'ajournements imprudents.

170. Certaines des stratégies de basse émission de gaz polluants cherchent l'internationalisation des coûts environnementaux, avec le risque d'imposer aux pays de moindres ressources de lourds engagements de réduction des émissions, comparables à ceux des pays les plus industrialisés. L'imposition de ces mesures porte préjudice aux pays qui ont le plus besoin de développement. Une nouvelle injustice est ainsi ajoutée sous couvert de protection de

l'environnement. Comme toujours, le fil est rompu à son point le plus faible. Étant donné que les effets du changement climatique se feront sentir pendant longtemps, même si des mesures strictes sont prises maintenant, certains pays aux maigres ressources auront besoin d'aide pour s'adapter aux effets qui déjà se produisent et qui affectent leurs économies. Il reste vrai qu'il y a des responsabilités communes mais différenciées, simplement parce que, comme l'ont relevé les Évêques de Bolivie, «les pays qui ont bénéficié d'un degré élevé d'industrialisation, au prix d'une énorme émission de gaz à effet de serre, ont une plus grande responsabilité dans l'apport de la solution aux problèmes qu'ils ont causés».[127]

171. La stratégie d'achat et de vente de "crédits de carbone" peut donner lieu à une nouvelle forme de spéculation, et cela ne servirait pas à réduire l'émission globale des gaz polluants. Ce système semble être une solution rapide et facile, sous l'apparence d'un certain engagement pour l'environnement, mais qui n'implique, en aucune manière, de changement radical à la hauteur des circonstances. Au contraire, il peut devenir un expédient qui permet de soutenir la sur-consommation de certains pays et secteurs.

172. Les pays pauvres doivent avoir comme priorité l'éradication de la misère et le développe-

[127] Conférence des Évêques de Bolivie, Lettre pastorale sur l'environnement et le développement humain en Bolivie *El universo, don de Dios para la vida* (2012), 86.

ment social de leurs habitants ; bien qu'ils doivent analyser le niveau de consommation scandaleux de certains secteurs privilégiés de leur population et contrôler la corruption. Il est vrai aussi qu'ils doivent développer des formes moins polluantes de production d'énergie, mais pour cela ils doivent pouvoir compter sur l'aide des pays qui ont connu une forte croissance au prix de la pollution actuelle de la planète. L'exploitation directe de l'abondante énergie solaire demande que des mécanismes et des subsides soient établis, de sorte que les pays en développement puissent accéder au transfert de technologies, à l'assistance technique, et aux ressources financières, mais toujours en faisant attention aux conditions concrètes, puisque «on n'évalue pas toujours de manière adéquate la compatibilité des infrastructures avec le contexte pour lequel elles ont été conçues».[128] Les coûts seraient faibles si on les comparait aux risques du changement climatique. De toute manière, c'est avant tout une décision éthique, fondée sur la solidarité entre tous les peuples.

173. Étant donnée la fragilité des instances locales, des accords internationaux sont urgents, qui soient respectés pour intervenir de manière efficace. Les relations entre les États doivent sauvegarder la souveraineté de chacun, mais aussi établir des chemins consensuels pour éviter des catastrophes locales qui finiraient par toucher tout le monde. Il manque de cadres régulateurs

[128] Conseil Pontifical «Justice et Paix», *Energia, justicia y paz*, n. IV, 1, Cité du Vatican (2013), p. 57.

généraux qui imposent des obligations, et qui empêchent des agissements intolérables, comme le fait que certains pays puissants transfèrent dans d'autres pays des déchets et des industries hautement polluants.

174. Mentionnons aussi le système de gestion des océans. En effet, même s'il y a eu plusieurs conventions internationales et régionales, l'éparpillement et l'absence de mécanismes sévères de réglementation, de contrôle et de sanction finissent par miner tous les efforts. Le problème croissant des déchets marins et de la protection des zones marines au-delà des frontières nationales continue de représenter un défi particulier. En définitive, il faut un accord sur les régimes de gestion, pour toute la gamme de ce qu'on appelle les "biens communs globaux".

175. La même logique qui entrave la prise de décisions drastiques pour inverser la tendance au réchauffement global, ne permet pas non plus d'atteindre l'objectif d'éradiquer la pauvreté. Il faut une réaction globale plus responsable, qui implique en même temps la lutte pour la réduction de la pollution et le développement des pays et des régions pauvres. Le XXIème siècle, alors qu'il maintient un système de gouvernement propre aux époques passées, est le théâtre d'un affaiblissement du pouvoir des États nationaux, surtout parce que la dimension économique et financière, de caractère transnational, tend à prédominer sur la politique. Dans ce contexte, la maturation d'institutions internationales devient indispensable, qui doivent être plus fortes et efficacement organisées,

avec des autorités désignées équitablement par accord entre les gouvernements nationaux, et dotées de pouvoir pour sanctionner. Comme l'a affirmé Benoît XVI dans la ligne déjà développée par la doctrine sociale de l'Eglise : «Pour le gouvernement de l'économie mondiale, pour assainir les économies frappées par la crise, pour prévenir son aggravation et de plus grands déséquilibres, pour procéder à un souhaitable désarmement intégral, pour arriver à la sécurité alimentaire et à la paix, pour assurer la protection de l'environnement et pour réguler les flux migratoires, il est urgent que soit mise en place une véritable *Autorité politique mondiale* telle qu'elle a déjà été esquissée par mon Prédécesseur, [saint] Jean XXIII».[129] Dans cette perspective, la diplomatie acquiert une importance inédite, en vue de promouvoir des stratégies internationales anticipant les problèmes plus graves qui finissent par affecter chacun.

II. Le dialogue en vue de nouvelles politiques nationales et locales

176. Non seulement il y a des gagnants et des perdants entre les pays, mais aussi entre les pays pauvres, où diverses responsabilités doivent être identifiées. Pour cela, les questions concernant l'environnement et le développement économique ne peuvent plus se poser seulement à partir des différences entre pays, mais demandent qu'on prête attention aux politiques nationales et locales.

[129] Benoît XVI, Lett. Enc. *Caritas in veritate* (29 juin 2009), n. 67 : *AAS* 101 (2009), 700.

177. Face à la possibilité d'une utilisation irresponsable des capacités humaines, planifier, coordonner, veiller, et sanctionner sont des fonctions impératives de chaque État. Comment la société prépare-t-elle et protège-t-elle son avenir dans un contexte de constantes innovations technologiques ? Le droit, qui établit les règles des comportements acceptables à la lumière du bien commun, est un facteur qui fonctionne comme un modérateur important. Les limites qu'une société saine, mature et souveraine doit imposer sont liées à la prévision, à la précaution, aux régulations adéquates, à la vigilance dans l'application des normes, à la lutte contre la corruption, aux actions de contrôle opérationnel sur les effets émergents non désirés des processus productifs, et à l'intervention opportune face aux risques incertains ou potentiels. Il y a une jurisprudence croissante visant à diminuer les effets polluants des activités des entreprises. Mais le cadre politique et institutionnel n'est pas là seulement pour éviter les mauvaises pratiques, mais aussi pour encourager les bonnes pratiques, pour stimuler la créativité qui cherche de nouvelles voies, pour faciliter les initiatives personnelles et collectives.

178. Le drame de l'"immédiateté" politique, soutenue aussi par des populations consuméristes, conduit à la nécessité de produire de la croissance à court terme. Répondant à des intérêts électoraux, les gouvernements ne prennent pas facilement le risque de mécontenter la population avec des mesures qui peuvent affecter le niveau de consommation ou mettre en péril des investissements étran-

gers. La myopie de la logique du pouvoir ralentit l'intégration de l'agenda environnemental aux vues larges, dans l'agenda public des gouvernements. On oublie ainsi que «le temps est supérieur à l'espace»,[130] que nous sommes toujours plus féconds quand nous nous préoccupons plus d'élaborer des processus que de nous emparer des espaces de pouvoir. La grandeur politique se révèle quand, dans les moments difficiles, on œuvre pour les grands principes et en pensant au bien commun à long terme. Il est très difficile pour le pouvoir politique d'assumer ce devoir dans un projet de Nation.

179. En certains lieux, se développent des coopératives pour l'exploitation d'énergies renouvelables, qui permettent l'auto suffisance locale, et même la vente des excédents. Ce simple exemple montre que l'instance locale peut faire la différence alors que l'ordre mondial existant se révèle incapable de prendre ses responsabilités. En effet, on peut à ce niveau susciter une plus grande responsabilité, un fort sentiment communautaire, une capacité spéciale de protection et une créativité plus généreuse, un amour profond pour sa terre ; là aussi, on pense à ce qu'on laisse aux enfants et aux petits-enfants. Ces valeurs ont un enracinement notable dans les populations aborigènes. Étant donné que le droit se montre parfois insuffisant en raison de la corruption, il faut que la décision politique soit incitée par la pression de la population. La société, à tra-

[130] Exhort. apost. *Evangelii gaudium* (24 novembre 2013), n. 222 : *AAS* 105 (2013), 1111.

vers des organismes non gouvernementaux et des associations intermédiaires, doit obliger les gouvernements à développer des normes, des procédures et des contrôles plus rigoureux. Si les citoyens ne contrôlent pas le pouvoir politique – national, régional et municipal – un contrôle des dommages sur l'environnement n'est pas possible non plus. D'autre part, les législations des municipalités peuvent être plus efficaces s'il y a des accords entre populations voisines pour soutenir les mêmes politiques environnementales.

180. On ne peut pas penser à des recettes uniformes, parce que chaque pays ou région a des problèmes et des limites spécifiques. Il est aussi vrai que le réalisme politique peut exiger des mesures et des technologies de transition, à condition qu'elles soient toujours accompagnées par le projet et par l'acceptation d'engagements progressifs contraignants. Mais, tant au niveau national que local il reste beaucoup à faire, comme, par exemple, promouvoir des formes d'économies d'énergie. Ceci implique de favoriser des modes de production industrielle ayant une efficacité énergétique maximale et utilisant moins de matière première, retirant du marché les produits peu efficaces du point de vue énergétique, ou plus polluants. On peut aussi mentionner une bonne gestion des transports, ou des formes de construction ou de réfection d'édifices qui réduisent leur consommation énergétique et leur niveau de pollution. D'autre part, l'action politique locale peut s'orienter vers la modification de la consommation, le développement d'une économie des déchets et du recyclage, la protec-

tion des espèces et la programmation d'une agriculture diversifiée avec la rotation des cultures. Il est possible d'encourager l'amélioration agricole de régions pauvres par les investissements dans des infrastructures rurales, dans l'organisation du marché local ou national, dans des systèmes d'irrigation, dans le développement de techniques agricoles durables. On peut faciliter des formes de coopération ou d'organisation communautaire qui défendent les intérêts des petits producteurs et préservent les écosystèmes locaux de la déprédation. Il y a tant de choses que l'on peut faire !

181. La continuité est indispensable parce que les politiques relatives au changement climatique et à la sauvegarde de l'environnement ne peuvent pas changer chaque fois que change un gouvernement. Les résultats demandent beaucoup de temps et supposent des coûts immédiats, avec des effets qui ne seront pas visibles au cours du mandat du gouvernement concerné. C'est pourquoi sans la pression de la population et des institutions, il y aura toujours de la résistance à intervenir, plus encore quand il y aura des urgences à affronter. Qu'un homme politique assume ces responsabilités avec les coûts que cela implique, ne répond pas à la logique d'efficacité et d'immédiateté de l'économie ni à celle de la politique actuelle ; mais s'il ose le faire, cela le conduira à reconnaître la dignité que Dieu lui a donnée comme homme, et il laissera dans l'histoire un témoignage de généreuse responsabilité. Il faut accorder une place prépondérante à une saine politique, capable de réformer les institutions, de les coordonner et de les doter de

meilleures pratiques qui permettent de vaincre les pressions et les inerties vicieuses. Cependant, il faut ajouter que les meilleurs mécanismes finissent par succomber quand manquent les grandes finalités, les valeurs, une compréhension humaniste et riche de sens qui donnent à chaque société une orientation noble et généreuse.

III. Dialogue et transparence dans les processus de prise de décisions

182. La prévision de l'impact sur l'environnement des initiatives et des projets requiert des processus politiques transparents et soumis au dialogue, alors que la corruption, qui cache le véritable impact environnemental d'un projet en échange de faveurs, conduit habituellement à des accords fallacieux au sujet desquels on évite information et large débat.

183. Une étude de l'impact sur l'environnement ne devrait pas être postérieure à l'élaboration d'un projet de production ou d'une quelconque politique, plan ou programme à réaliser. Il faut qu'elle soit insérée dès le début, et élaborée de manière interdisciplinaire, transparente et indépendante de toute pression économique ou politique. Elle doit être en lien avec l'analyse des conditions de travail et l'analyse des effets possibles, entre autres, sur la santé physique et mentale des personnes, sur l'économie locale, sur la sécurité. Les résultats économiques pourront être ainsi déduits de manière plus réaliste, prenant en compte les scénarios possibles et prévoyant éventuellement la nécessité d'un plus

grand investissement pour affronter les effets indésirables qui peuvent être corrigés. Il est toujours nécessaire d'arriver à un consensus entre les différents acteurs sociaux, qui peuvent offrir des points de vue, des solutions et des alternatives différents. Mais à la table de discussion, les habitants locaux doivent avoir une place privilégiée, eux qui se demandent ce qu'ils veulent pour eux et pour leurs enfants, et qui peuvent considérer les objectifs qui transcendent l'intérêt économique immédiat. Il faut cesser de penser en terme d'"interventions" sur l'environnement, pour élaborer des politiques conçues et discutées par toutes les parties intéressées. La participation requiert que tous soient convenablement informés sur les divers aspects ainsi que sur les différents risques et possibilités ; elle ne se limite pas à la décision initiale d'un projet, mais concerne aussi les actions de suivi et de surveillance constante. La sincérité et la vérité sont nécessaires dans les discussions scientifiques et politiques, qui ne doivent pas se limiter à considérer ce qui est permis ou non par la législation.

184. Quand d'éventuels risques pour l'environnement, qui affectent le bien commun, présent et futur, apparaissent, cette situation exige que « les décisions soient fondées sur une confrontation entre les risques et les bénéfices envisageables pour tout choix alternatif possible ».[131] Cela vaut surtout si un projet peut entraîner un accroissement de

[131] Conseil Pontifical « Justice et Paix », *Compendium de la Doctrine Sociale de l'Église*, n. 469.

l'utilisation des ressources naturelles, des émissions ou des rejets, de la production de déchets, ou une modification significative du paysage, de l'habitat des espèces protégées, ou d'un espace public. Certains projets qui ne sont pas suffisamment analysés peuvent affecter profondément la qualité de vie dans un milieu pour des raisons très diverses, comme une pollution acoustique non prévue, la réduction du champ visuel, la perte de valeurs culturelles, les effets de l'utilisation de l'énergie nucléaire. La culture consumériste, qui donne priorité au court terme et à l'intérêt privé, peut encourager des procédures trop rapides ou permettre la dissimulation d'information.

185. Dans toute discussion autour d'une initiative, une série de questions devrait se poser en vue de discerner si elle offrira ou non un véritable développement intégral : Pour quoi ? Par quoi ? Où ? Quand ? De quelle manière ? Pour qui ? Quels sont les risques ? À quel coût ? Qui paiera les coûts et comment le fera-t-il ? Dans ce discernement, certaines questions doivent avoir la priorité. Par exemple, nous savons que l'eau est une ressource limitée et indispensable, et y avoir accès est un droit fondamental qui conditionne l'exercice des autres droits humains. Ceci est indubitable et conditionne toute analyse de l'impact environnemental d'une région.

186. Dans la Déclaration de Rio de 1992, il est affirmé : « En cas de risque de dommages graves ou irréversibles, l'absence de certitude scienti-

fique absolue ne doit pas servir de prétexte pour remettre à plus tard l'adoption de mesures effectives»[132] qui empêcheraient la dégradation de l'environnement. Ce principe de précaution permet la protection des plus faibles, qui disposent de peu de moyens pour se défendre et pour apporter des preuves irréfutables. Si l'information objective conduit à prévoir un dommage grave et irréversible, bien qu'il n'y ait pas de preuve indiscutable, tout projet devra être arrêté ou modifié. Ainsi, on inverse la charge de la preuve, puisque dans ce cas il faut apporter une démonstration objective et indiscutable que l'activité proposée ne va pas générer de graves dommages à l'environnement ou à ceux qui y habitent.

187. Cela n'entraîne pas qu'il faille s'opposer à toute innovation technologique qui permette d'améliorer la qualité de vie d'une population. Mais, dans tous les cas, il doit toujours être bien établi que la rentabilité ne peut pas être l'unique élément à prendre en compte et que, au moment où apparaissent de nouveaux critères de jugement à partir de l'évolution de l'information, il devrait y avoir une nouvelle évaluation avec la participation de toutes les parties intéressées. Le résultat de la discussion pourrait être la décision de ne pas avancer dans un projet, mais pourrait être aussi sa modification ou l'élaboration de propositions alternatives.

132 *Déclaration de Rio sur l'environnement et le développement* (14 juin 1992), Principe 15.

188. Dans certaines discussions sur des questions liées à l'environnement, il est difficile de parvenir à un consensus. Encore une fois je répète que l'Église n'a pas la prétention de juger des questions scientifiques ni de se substituer à la politique, mais j'invite à un débat honnête et transparent, pour que les besoins particuliers ou les idéologies n'affectent pas le bien commun.

IV. Politique et économie en dialogue pour la plénitude humaine

189. La politique ne doit pas se soumettre à l'économie et celle-ci ne doit pas se soumettre aux diktats ni au paradigme d'efficacité de la technocratie. Aujourd'hui, en pensant au bien commun, nous avons impérieusement besoin que la politique et l'économie, en dialogue, se mettent résolument au service de la vie, spécialement de la vie humaine. Sauver les banques à tout prix, en en faisant payer le prix à la population, sans la ferme décision de revoir et de réformer le système dans son ensemble, réaffirme une emprise absolue des finances qui n'a pas d'avenir et qui pourra seulement générer de nouvelles crises après une longue, couteuse et apparente guérison. La crise financière de 2007-2008 était une occasion pour le développement d'une nouvelle économie plus attentive aux principes éthiques, et pour une nouvelle régulation de l'activité financière spéculative et de la richesse fictive. Mais il n'y a pas eu de réaction qui aurait conduit à repenser les critères obsolètes qui continuent à régir le monde. La production n'est pas toujours rationnelle, et souvent elle est liée à des variables

économiques qui fixent pour les produits une valeur qui ne correspond pas à leur valeur réelle. Cela conduit souvent à la surproduction de certaines marchandises, avec un impact inutile sur l'environnement qui, en même temps, porte préjudice à de nombreuses économies régionales.[133] La bulle financière est aussi, en général, une bulle productive. En définitive, n'est pas affrontée avec énergie la question de l'économie réelle, qui permet par exemple que la production se diversifie et s'améliore, que les entreprises fonctionnent bien, que les petites et moyennes entreprises se développent et créent des emplois.

190. Dans ce contexte, il faut toujours se rappeler que «la protection de l'environnement ne peut pas être assurée uniquement en fonction du calcul financier des coûts et des bénéfices. L'environnement fait partie de ces biens que les mécanismes du marché ne sont pas en mesure de défendre ou de promouvoir de façon adéquate ».[134] Une fois de plus, il faut éviter une conception magique du marché qui fait penser que les problèmes se résoudront tout seuls par l'accroissement des bénéfices des entreprises ou des individus. Est-il réaliste d'espérer que celui qui a l'obsession du bénéfice maximum s'attarde à penser aux effets environnementaux qu'il laissera aux prochaines générations ? Dans le

[133] Cf. Conference de l'Épiscopat Mexicain : Commission de la Pastorale Sociale, *Jesucristo, vida y esperanza de los indígenas y campesinos* (14 janvier 2008).

[134] Conseil Pontifical «Justice et Paix», *Compendium de la Doctrine Sociale de l'Église*, n. 470.

schéma du gain il n'y a pas de place pour penser aux rythmes de la nature, à ses périodes de dégradation et de régénération, ni à la complexité des écosystèmes qui peuvent être gravement altérés par l'intervention humaine. De plus, quand on parle de biodiversité, on la conçoit au mieux comme une réserve de ressources économiques qui pourrait être exploitée, mais on ne prend pas en compte sérieusement, entre autres, la valeur réelle des choses, leur signification pour les personnes et les cultures, les intérêts et les nécessités des pauvres.

191. Quand on pose ces questions, certains réagissent en accusant les autres de prétendre arrêter irrationnellement le progrès et le développement humain. Mais nous devons nous convaincre que ralentir un rythme déterminé de production et de consommation peut donner lieu à d'autres formes de progrès et de développement. Les efforts pour une exploitation durable des ressources naturelles ne sont pas une dépense inutile, mais un investissement qui pourra générer d'autres bénéfices économiques à moyen terme. Si nous ne souffrons pas d'étroitesse de vue, nous pouvons découvrir que la diversification d'une production plus innovante, et ce avec un moindre impact sur l'environnement, peut être très rentable. Il s'agit d'ouvrir le chemin à différentes opportunités qui n'impliquent pas d'arrêter la créativité de l'homme et son rêve de progrès, mais d'orienter cette énergie vers des voies nouvelles.

192. Par exemple, un chemin de développement productif plus créatif et mieux orienté pourrait

corriger le fait qu'il y a un investissement technologique excessif pour la consommation et faible pour résoudre les problèmes en suspens de l'humanité ; il pourrait générer des formes intelligentes et rentables de réutilisation, d'utilisation multifonctionnelle et de recyclage ; il pourrait encore améliorer l'efficacité énergétique des villes. La diversification de la production ouvre d'immenses possibilités à l'intelligence humaine pour créer et innover, en même temps qu'elle protège l'environnement et crée plus d'emplois. Ce serait une créativité capable de faire fleurir de nouveau la noblesse de l'être humain, parce qu'il est plus digne d'utiliser l'intelligence, avec audace et responsabilité, pour trouver des formes de développement durable et équitable, dans le cadre d'une conception plus large de ce qu'est la qualité de vie. Inversement, il est moins digne, il est superficiel et moins créatif de continuer à créer des formes de pillage de la nature seulement pour offrir de nouvelles possibilités de consommation et de gain immédiat.

193. De toute manière, si dans certains cas le développement durable entraînera de nouvelles formes de croissance, dans d'autres cas, face à l'accroissement vorace et irresponsable produit durant de nombreuses décennies, il faudra penser aussi à marquer une pause en mettant certaines limites raisonnables, voire à retourner en arrière avant qu'il ne soit trop tard. Nous savons que le comportement de ceux qui consomment et détruisent toujours davantage n'est pas soutenable, tandis que d'autres ne peuvent pas vivre conformément à leur dignité humaine. C'est pourquoi l'heure est venue

d'accepter une certaine décroissance dans quelques parties du monde, mettant à disposition des ressources pour une saine croissance en d'autres parties. Benoît XVI affirmait qu'«il est nécessaire que les sociétés technologiquement avancées soient disposées à favoriser des comportements plus sobres, réduisant leurs propres besoins d'énergie et améliorant les conditions de son utilisation ».[135]

194. Pour que surgissent de nouveaux modèles de progrès nous devons «convertir le modèle de développement global»,[136] ce qui implique de réfléchir de manière responsable «sur le sens de l'économie et de ses objectifs, pour en corriger les dysfonctionnements et les déséquilibres».[137] Il ne suffit pas de concilier, en un juste milieu, la protection de la nature et le profit financier, ou la préservation de l'environnement et le progrès. Sur ces questions, les justes milieux retardent seulement un peu l'effondrement. Il s'agit simplement de redéfinir le progrès. Un développement technologique et économique qui ne laisse pas un monde meilleur et une qualité de vie intégralement supérieure ne peut pas être considéré comme un progrès. D'autre part, la qualité réelle de vie des personnes diminue souvent – à cause de la détérioration de l'environnement, de la mauvaise qualité des produits alimentaires eux-mêmes ou de l'épuisement de certaines ressources – dans un contexte de croissance

[135] *Message pour la Journée Mondiale de la Paix 2010*, n. 9 : *AAS* 102 (2010), 46.

[136] *Ibid.*

[137] *Ibid.*, n. 5 : p. 43.

économique. Dans ce cadre, le discours de la croissance durable devient souvent un moyen de distraction et de justification qui enferme les valeurs du discours écologique dans la logique des finances et de la technocratie ; la responsabilité sociale et environnementale des entreprises se réduit d'ordinaire à une série d'actions de marketing et d'image.

195. Le principe de la maximalisation du gain, qui tend à s'isoler de toute autre considération, est une distorsion conceptuelle de l'économie : si la production augmente, il importe peu que cela se fasse au prix des ressources futures ou de la santé de l'environnement ; si l'exploitation d'une forêt fait augmenter la production, personne ne mesure dans ce calcul la perte qu'implique la désertification du territoire, le dommage causé à la biodiversité ou l'augmentation de la pollution. Cela veut dire que les entreprises obtiennent des profits en calculant et en payant une part infime des coûts. Seul pourrait être considéré comme éthique un comportement dans lequel « les coûts économiques et sociaux dérivant de l'usage des ressources naturelles communes soient établis de façon transparente et soient entièrement supportés par ceux qui en jouissent et non par les autres populations ou par les générations futures ».[138] La rationalité instrumentale, qui fait seulement une analyse statique de la réalité en fonction des nécessités du moment, est présente aussi bien quand c'est le marché qui

[138] Benoît XVI, Lett. enc. *Caritas in veritate* (29 juin 2009), n. 50 : *AAS* 101 (2009), 686.

assigne les ressources, que lorsqu'un État planificateur le fait.

196. Qu'en est-il de la politique ? Rappelons le principe de subsidiarité qui donne la liberté au développement des capacités présentes à tous les niveaux, mais qui exige en même temps plus de responsabilité pour le bien commun de la part de celui qui détient plus de pouvoir. Il est vrai qu'aujourd'hui certains secteurs économiques exercent davantage de pouvoir que les États eux-mêmes. Mais on ne peut pas justifier une économie sans politique, qui serait incapable de promouvoir une autre logique qui régisse les divers aspects de la crise actuelle. La logique qui ne permet pas d'envisager une préoccupation sincère pour l'environnement est la même qui empêche de nourrir le souci d'intégrer les plus fragiles, parce que « dans le modèle actuel de 'succès' et de 'droit privé', il ne semble pas que cela ait un sens de s'investir pour que ceux qui restent en arrière, les faibles ou les moins pourvus, puissent se faire un chemin dans la vie ».[139]

197. Nous avons besoin d'une politique aux vues larges, qui suive une approche globale en intégrant dans un dialogue interdisciplinaire les divers aspects de la crise. Souvent la politique elle-même est responsable de son propre discrédit, à cause de la corruption et du manque de bonnes politiques publiques. Si l'État ne joue pas son rôle dans une

[139] Exhort. apost. *Evangelii gaudium* (24 novembre 2013), n. 209 : *AAS* 105 (2013), 1107.

région, certains groupes économiques peuvent apparaître comme des bienfaiteurs et s'approprier le pouvoir réel, se sentant autorisés à ne pas respecter certaines normes, jusqu'à donner lieu à diverses formes de criminalité organisée, de traite de personnes, de narcotrafic, et de violence, très difficiles à éradiquer. Si la politique n'est pas capable de rompre une logique perverse, et de plus reste enfermée dans des discours appauvris, nous continuerons à ne pas faire face aux grands problèmes de l'humanité. Une stratégie de changement réel exige de repenser la totalité des processus, puisqu'il ne suffit pas d'inclure des considérations écologiques superficielles pendant qu'on ne remet pas en cause la logique sous-jacente à la culture actuelle. Une saine politique devrait être capable d'assumer ces défis.

198. La politique et l'économie ont tendance à s'accuser mutuellement en ce qui concerne la pauvreté et la dégradation de l'environnement. Mais il faut espérer qu'elles reconnaîtront leurs propres erreurs et trouveront des formes d'interaction orientées vers le bien commun. Pendant que les uns sont obnubilés uniquement par le profit économique et que d'autres ont pour seule obsession la conservation ou l'accroissement de leur pouvoir, ce que nous avons ce sont des guerres, ou bien des accords fallacieux où préserver l'environnement et protéger les plus faibles est ce qui intéresse le moins les deux parties. Là aussi vaut le principe : «l'unité est supérieure au conflit».[140]

[140] *Ibid.*, n. 228 : p. 1113.

V. Les religions dans le dialogue avec les sciences

199. On ne peut pas soutenir que les sciences empiriques expliquent complètement la vie, la structure de toutes les créatures et la réalité dans son ensemble. Cela serait outrepasser de façon indue leurs frontières méthodologiques limitées. Si on réfléchit dans ce cadre fermé, la sensibilité esthétique, la poésie, et même la capacité de la raison à percevoir le sens et la finalité des choses disparaissent.[141] Je veux rappeler que « les textes religieux classiques peuvent offrir une signification pour toutes les époques, et ont une force de motivation qui ouvre toujours de nouveaux horizons [...] Est-il raisonnable et intelligent de les reléguer dans l'obscurité, seulement du fait qu'ils proviennent d'un contexte de croyance religieuse ? ».[142] En réalité, il est naïf de penser

[141] Cf. Lett. enc. *Lumen fidei* (29 juin 2013), n. 34 : *AAS* 105 (2013), 577 : « La lumière de la foi, dans la mesure où elle est unie à la vérité de l'amour, n'est pas étrangère au monde matériel, car l'amour se vit toujours corps et âme ; la lumière de la foi est une lumière incarnée, qui procède de la vie lumineuse de Jésus. Elle éclaire aussi la matière, se fie à son ordre, reconnaît qu'en elle s'ouvre un chemin d'harmonie et de compréhension toujours plus large. Le regard de la science tire ainsi profit de la foi : cela invite le chercheur à rester ouvert à la réalité, dans toute sa richesse inépuisable. La foi réveille le sens critique dans la mesure où elle empêche la recherche de se complaire dans ses formules et l'aide à comprendre que la nature est toujours plus grande. En invitant à l'émerveillement devant le mystère du créé, la foi élargit les horizons de la raison pour mieux éclairer le monde qui s'ouvre à la recherche scientifique ».

[142] Exhort. apost. *Evangelii gaudium* (24 novembre 2013), n. 256 : *AAS* 105 (2013), 1123.

que les principes éthiques puissent se présenter de manière purement abstraite, détachés de tout contexte, et le fait qu'ils apparaissent dans un langage religieux ne les prive pas de toute valeur dans le débat public. Les principes éthiques que la raison est capable de percevoir peuvent réapparaître toujours de manière différente et être exprimés dans des langages divers, y compris religieux.

200. D'autre part, toute solution technique que les sciences prétendent apporter sera incapable de résoudre les graves problèmes du monde si l'humanité perd le cap, si l'on oublie les grandes motivations qui rendent possibles la cohabitation, le sacrifice, la bonté. De toute façon, il faudra inviter les croyants à être cohérents avec leur propre foi et à ne pas la contredire par leurs actions ; il faudra leur demander de s'ouvrir de nouveau à la grâce de Dieu et de puiser au plus profond de leurs propres convictions sur l'amour, la justice et la paix. Si une mauvaise compréhension de nos propres principes nous a parfois conduits à justifier le mauvais traitement de la nature, la domination despotique de l'être humain sur la création, ou les guerres, l'injustice et la violence, nous, les croyants, nous pouvons reconnaître que nous avons alors été infidèles au trésor de sagesse que nous devions garder. Souvent les limites culturelles des diverses époques ont conditionné cette conscience de leur propre héritage éthique et spirituel, mais c'est précisément le retour à leurs sources qui permet aux religions de mieux répondre aux nécessités actuelles.

201. La majorité des habitants de la planète se déclare croyante, et cela devrait inciter les religions à entrer dans un dialogue en vue de la sauvegarde de la nature, de la défense des pauvres, de la construction de réseaux de respect et de fraternité. Un dialogue entre les sciences elles-mêmes est aussi nécessaire parce que chacune a l'habitude de s'enfermer dans les limites de son propre langage, et la spécialisation a tendance à devenir isolement et absolutisation du savoir de chacun. Cela empêche d'affronter convenablement les problèmes de l'environnement. Un dialogue ouvert et respectueux devient aussi nécessaire entre les différents mouvements écologistes, où les luttes idéologiques ne manquent pas. La gravité de la crise écologique exige que tous nous pensions au bien commun et avancions sur un chemin de dialogue qui demande patience, ascèse et générosité, nous souvenant toujours que « la réalité est supérieure à l'idée ».[143]

[143] *Ibid.*, n. 231: p. 1114.

SIXIEME CHAPITRE

EDUCATION ET SPIRITUALITE ECOLOGIQUES

202. Beaucoup de choses doivent être réorientées, mais avant tout l'humanité a besoin de changer. La conscience d'une origine commune, d'une appartenance mutuelle et d'un avenir partagé par tous, est nécessaire. Cette conscience fondamentale permettrait le développement de nouvelles convictions, attitudes et formes de vie. Ainsi un grand défi culturel, spirituel et éducatif, qui supposera de longs processus de régénération, est mis en évidence.

I. Miser sur un autre style de vie

203. Étant donné que le marché tend à créer un mécanisme consumériste compulsif pour placer ses produits, les personnes finissent par être submergées, dans une spirale d'achats et de dépenses inutiles. Le consumérisme obsessif est le reflet subjectif du paradigme techno-économique. Il arrive ce que Romano Guardini signalait déjà : l'être humain «accepte les choses usuelles et les formes de la vie telles qu'elles lui sont imposées par les plans rationnels et les produits normalisés de la machine et, dans l'ensemble, il le fait avec l'impression que

tout cela est raisonnable et juste».[144] Ce paradigme fait croire à tous qu'ils sont libres, tant qu'ils ont une soi-disant liberté pour consommer, alors que ceux qui ont en réalité la liberté, ce sont ceux qui constituent la minorité en possession du pouvoir économique et financier. Dans cette équivoque, l'humanité postmoderne n'a pas trouvé une nouvelle conception d'elle-même qui puisse l'orienter, et ce manque d'identité est vécu avec angoisse. Nous possédons trop de moyens pour des fins limitées et rachitiques.

204. La situation actuelle du monde «engendre un sentiment de précarité et d'insécurité qui, à son tour, nourrit des formes d'égoïsme collectif».[145] Quand les personnes deviennent autoréférentielles et s'isolent dans leur propre conscience, elles accroissent leur voracité. En effet, plus le cœur de la personne est vide, plus elle a besoin d'objets à acheter, à posséder et à consommer. Dans ce contexte, il ne semble pas possible qu'une personne accepte que la réalité lui fixe des limites. À cet horizon, un vrai bien commun n'existe pas non plus. Si c'est ce genre de sujet qui tend à prédominer dans une société, les normes seront seulement respectées dans la mesure où elles ne contredisent pas des besoins personnels. C'est pourquoi nous ne pensons pas seulement à l'éventualité de terribles phénomènes

[144] Romano Guardini, *Das Ende der Neuzeit*, Würzburg [9]1965, p. 66-67 (éd. fr. : *La fin des temps modernes*, Paris 1952, p. 71-72).

[145] Jean-Paul II, *Message pour la Journée Mondiale de la Paix 1990*, n. 1 : *AAS* 82 (1990), 147.

climatiques ou à de grands désastres naturels, mais aussi aux catastrophes dérivant de crises sociales, parce que l'obsession d'un style de vie consumériste ne pourra que provoquer violence et destruction réciproque, surtout quand seul un petit nombre peut se le permettre.

205. Cependant, tout n'est pas perdu, parce que les êtres humains, capables de se dégrader à l'extrême, peuvent aussi se surmonter, opter de nouveau pour le bien et se régénérer, au-delà de tous les conditionnements mentaux et sociaux qu'on leur impose. Ils sont capables de se regarder eux-mêmes avec honnêteté, de révéler au grand jour leur propre dégoût et d'initier de nouveaux chemins vers la vraie liberté. Il n'y a pas de systèmes qui annulent complètement l'ouverture au bien, à la vérité et à la beauté, ni la capacité de réaction que Dieu continue d'encourager du plus profond des cœurs humains. Je demande à chaque personne de ce monde de ne pas oublier sa dignité que nul n'a le droit de lui enlever.

206. Un changement dans les styles de vie pourrait réussir à exercer une pression saine sur ceux qui détiennent le pouvoir politique, économique et social. C'est ce qui arrive quand les mouvements de consommateurs obtiennent qu'on n'achète plus certains produits, et deviennent ainsi efficaces pour modifier le comportement des entreprises, en les forçant à considérer l'impact environnemental et les modèles de production. C'est un fait, quand les habitudes de la société affectent le gain des entreprises, celles-ci se trouvent contraintes à produire

autrement. Cela nous rappelle la responsabilité sociale des consommateurs : « Acheter est non seulement un acte économique mais toujours aussi un acte moral ».[146] C'est pourquoi, aujourd'hui « le thème de la dégradation environnementale met en cause les comportements de chacun de nous ».[147]

207. La Charte de la Terre nous invitait tous à tourner le dos à une étape d'autodestruction et à prendre un nouveau départ, mais nous n'avons pas encore développé une conscience universelle qui le rende possible. Voilà pourquoi j'ose proposer de nouveau ce beau défi : "Comme jamais auparavant dans l'histoire, notre destin commun nous invite à chercher un nouveau commencement [...] Faisons en sorte que notre époque soit reconnue dans l'histoire comme celle de l'éveil d'une nouvelle forme d'hommage à la vie, d'une ferme résolution d'atteindre la durabilité, de l'accélération de la lutte pour la justice et la paix et de l'heureuse célébration de la vie".[148]

208. Il est toujours possible de développer à nouveau la capacité de sortir de soi vers l'autre. Sans elle, on ne reconnaît pas la valeur propre des autres créatures, on ne se préoccupe pas de protéger quelque chose pour les autres, on n'a pas la capacité de se fixer des limites pour éviter la souffrance ou la détérioration de ce qui nous entoure. L'attitude

[146] Benoît XVI, Lett. enc. *Caritas in veritate* (29 juin 2009), n. 66 : *AAS* 101 (2009), 699.

[147] Id., *Message pour la Journée Mondiale de la Paix 2010*, n. 11 : *AAS* 102 (2010), 48.

[148] *La Charte de la Terre*, La Haye (29 juin 2000).

fondamentale de se transcender, en rompant avec l'isolement de la conscience et l'autoréférentialité, est la racine qui permet toute attention aux autres et à l'environnement, et qui fait naître la réaction morale de prendre en compte l'impact que chaque action et chaque décision personnelle provoquent hors de soi-même. Quand nous sommes capables de dépasser l'individualisme, un autre style de vie peut réellement se développer et un changement important devient possible dans la société.

II. Éducation pour l'alliance entre l'humanité et l'environnement

209. La conscience de la gravité de la crise culturelle et écologique doit se traduire par de nouvelles habitudes. Beaucoup savent que le progrès actuel, tout comme la simple accumulation d'objets ou de plaisirs, ne suffit pas à donner un sens ni de la joie au cœur humain, mais ils ne se sentent pas capables de renoncer à ce que le marché leur offre. Dans les pays qui devraient réaliser les plus grands changements d'habitudes de consommation, les jeunes ont une nouvelle sensibilité écologique et un esprit généreux, et certains d'entre eux luttent admirablement pour la défense de l'environnement ; mais ils ont grandi dans un contexte de très grande consommation et de bien-être qui rend difficile le développement d'autres habitudes. C'est pourquoi nous sommes devant un défi éducatif.

210. L'éducation environnementale a progressivement élargi le champ de ses objectifs. Si au

commencement elle était très axée sur l'information scientifique ainsi que sur la sensibilisation et la prévention de risques environnementaux, à présent cette éducation tend à inclure une critique des "mythes" de la modernité (individualisme, progrès indéfini, concurrence, consumérisme, marché sans règles), fondés sur la raison instrumentale ; elle tend également à s'étendre aux différents niveaux de l'équilibre écologique : au niveau interne avec soi-même, au niveau solidaire avec les autres, au niveau naturel avec tous les êtres vivants, au niveau spirituel avec Dieu. L'éducation environnementale devrait nous disposer à faire ce saut vers le Mystère, à partir duquel une éthique écologique acquiert son sens le plus profond. Par ailleurs, des éducateurs sont capables de repenser les itinéraires pédagogiques d'une éthique écologique, de manière à faire grandir effectivement dans la solidarité, dans la responsabilité et dans la protection fondée sur la compassion.

211. Cependant, cette éducation ayant pour vocation de créer une "citoyenneté écologique" se limite parfois à informer, et ne réussit pas à développer des habitudes. L'existence de lois et de normes n'est pas suffisante à long terme pour limiter les mauvais comportements, même si un contrôle effectif existe. Pour que la norme juridique produise des effets importants et durables, il est nécessaire que la plupart des membres de la société l'aient acceptée grâce à des motivations appropriées, et réagissent à partir d'un changement personnel. C'est seulement en cultivant de solides vertus que le don de soi dans un engagement éco-

logique est possible. Si une personne a l'habitude de se couvrir un peu au lieu d'allumer le chauffage, alors que sa situation économique lui permettrait de consommer et de dépenser plus, cela suppose qu'elle a intégré des convictions et des sentiments favorables à la préservation de l'environnement. Accomplir le devoir de sauvegarder la création par de petites actions quotidiennes est très noble, et il est merveilleux que l'éducation soit capable de les susciter jusqu'à en faire un style de vie. L'éducation à la responsabilité environnementale peut encourager divers comportements qui ont une incidence directe et importante sur la préservation de l'environnement tels que : éviter l'usage de matière plastique et de papier, réduire la consommation d'eau, trier les déchets, cuisiner seulement ce que l'on pourra raisonnablement manger, traiter avec attention les autres êtres vivants, utiliser les transports publics ou partager le même véhicule entre plusieurs personnes, planter des arbres, éteindre les lumières inutiles. Tout cela fait partie d'une créativité généreuse et digne, qui révèle le meilleur de l'être humain. Le fait de réutiliser quelque chose au lieu de le jeter rapidement, parce qu'on est animé par de profondes motivations, peut être un acte d'amour exprimant notre dignité.

212. Il ne faut pas penser que ces efforts ne vont pas changer le monde. Ces actions répandent dans la société un bien qui produit toujours des fruits au-delà de ce que l'on peut constater, parce qu'elles suscitent sur cette terre un bien qui tend à se répandre toujours, parfois de façon invisible. En outre, le développement de ces comportements

nous redonne le sentiment de notre propre dignité, il nous porte à une plus grande profondeur de vie, il nous permet de faire l'expérience du fait qu'il vaut la peine de passer en ce monde.

213. Les milieux éducatifs sont divers : l'école, la famille, les moyens de communication, la catéchèse et autres. Une bonne éducation scolaire, dès le plus jeune âge, sème des graines qui peuvent produire des effets tout au long d'une vie. Mais je veux souligner l'importance centrale de la famille, parce qu'« elle est le lieu où la vie, don de Dieu, peut être convenablement accueillie et protégée contre les nombreuses attaques auxquelles elle est exposée, le lieu où elle peut se développer suivant les exigences d'une croissance humaine authentique. Contre ce qu'on appelle la culture de la mort, la famille constitue le lieu de la culture de la vie ».[149] Dans la famille, on cultive les premiers réflexes d'amour et de préservation de la vie, comme par exemple l'utilisation correcte des choses, l'ordre et la propreté, le respect pour l'écosystème local et la protection de tous les êtres créés. La famille est le lieu de la formation intégrale, où se déroulent les différents aspects, intimement reliés entre eux, de la maturation personnelle. Dans la famille, on apprend à demander une permission avec respect, à dire "merci" comme expression d'une juste évaluation des choses qu'on reçoit, à dominer l'agressivité ou la voracité, et à demander pardon quand on cause

[149] JEAN-PAUL II, Lett. enc. *Centesimus annus* (1er mai 1991), n. 39 : *AAS* 83 (1991), 842.

un dommage. Ces petits gestes de sincère courtoisie aident à construire une culture de la vie partagée et du respect pour ce qui nous entoure.

214. Un effort de sensibilisation de la population incombe à la politique et aux diverses associations. À l'Église également. Toutes les communautés chrétiennes ont un rôle important à jouer dans cette éducation. J'espère aussi que dans nos séminaires et maisons religieuses de formation, on éduque à une austérité responsable, à la contemplation reconnaissante du monde, à la protection de la fragilité des pauvres et de l'environnement. Étant donné l'importance de ce qui est en jeu, de même que des institutions dotées de pouvoir sont nécessaires pour sanctionner les attaques à l'environnement, nous avons aussi besoin de nous contrôler et de nous éduquer les uns les autres.

215. Dans ce contexte, «il ne faut pas négliger la relation qui existe entre une formation esthétique appropriée et la préservation de l'environnement».[150] Prêter attention à la beauté, et l'aimer, nous aide à sortir du pragmatisme utilitariste. Quand quelqu'un n'apprend pas à s'arrêter pour observer et pour évaluer ce qui est beau, il n'est pas étonnant que tout devienne pour lui objet d'usage et d'abus sans scrupule. En même temps, si l'on veut obtenir des changements profonds, il faut garder présent à l'esprit que les paradigmes de la pensée influent réellement sur les comportements.

[150] Id., *Message pour la Journée Mondiale de la Paix 1990*, n. 14 : *AAS* 82 (1990), 155.

L'éducation sera inefficace, et ses efforts seront vains, si elle n'essaie pas aussi de répandre un nouveau paradigme concernant l'être humain, la vie, la société et la relation avec la nature. Autrement, le paradigme consumériste, transmis par les moyens de communication sociale et les engrenages efficaces du marché, continuera de progresser.

III. La conversion écologique

216. La grande richesse de la spiritualité chrétienne, générée par vingt siècles d'expériences personnelles et communautaires, offre une belle contribution à la tentative de renouveler l'humanité. Je veux proposer aux chrétiens quelques lignes d'une spiritualité écologique qui trouvent leur origine dans des convictions de notre foi, car ce que nous enseigne l'Évangile a des conséquences sur notre façon de penser, de sentir et de vivre. Il ne s'agit pas de parler tant d'idées, mais surtout de motivations qui naissent de la spiritualité pour alimenter la passion de la préservation du monde. Il ne sera pas possible, en effet, de s'engager dans de grandes choses seulement avec des doctrines, sans une mystique qui nous anime, sans «les mobiles intérieurs qui poussent, motivent, encouragent et donnent sens à l'action personnelle et communautaire».[151] Nous devons reconnaître que, nous les chrétiens, nous n'avons pas toujours recueilli et développé les richesses que Dieu a données à l'Église, où la spiritualité n'est déconnectée ni de

[151] Exhort. apost. *Evangelii gaudium* (24 novembre 2013), n. 261 : *AAS* 105 (2013), 1124.

notre propre corps, ni de la nature, ni des réalités de ce monde ; la spiritualité se vit plutôt avec celles-ci et en elles, en communion avec tout ce qui nous entoure.

217. S'il est vrai que «les déserts extérieurs se multiplient dans notre monde, parce que les déserts intérieurs sont devenus très grands»,[152] la crise écologique est un appel à une profonde conversion intérieure. Mais nous devons aussi reconnaître que certains chrétiens, engagés et qui prient, ont l'habitude de se moquer des préoccupations pour l'environnement, avec l'excuse du réalisme et du pragmatisme. D'autres sont passifs, ils ne se décident pas à changer leurs habitudes et ils deviennent incohérents. Ils ont donc besoin d'une *conversion écologique*, qui implique de laisser jaillir toutes les conséquences de leur rencontre avec Jésus-Christ sur les relations avec le monde qui les entoure. Vivre la vocation de protecteurs de l'œuvre de Dieu est une part essentielle d'une existence vertueuse ; cela n'est pas quelque chose d'optionnel ni un aspect secondaire dans l'expérience chrétienne.

218. Pour proposer une relation saine avec la création comme dimension de la conversion intégrale de la personne, souvenons-nous du modèle de saint François d'Assise. Cela implique aussi de reconnaître ses propres erreurs, péchés, vices ou négligences, et de se repentir de tout cœur, de changer intérieurement. Les Évêques australiens ont su

[152] Benoît XVI, *Homélie pour l'inauguration solennelle du ministère pétrinien* (24 avril 2005) : *AAS* 97 (2005), 710.

exprimer la conversion en termes de réconciliation avec la création : «Pour réaliser cette réconciliation, nous devons examiner nos vies et reconnaître de quelle façon nous offensons la création de Dieu par nos actions et notre incapacité d'agir. Nous devons faire l'expérience d'une conversion, d'un changement du cœur».[153]

219. Cependant, il ne suffit pas que chacun s'amende pour dénouer une situation aussi complexe que celle qu'affronte le monde actuel. Les individus isolés peuvent perdre leur capacité, ainsi que leur liberté pour surmonter la logique de la raison instrumentale, et finir par être à la merci d'un consumérisme sans éthique et sans dimension sociale ni environnementale. On répond aux problèmes sociaux par des réseaux communautaires, non par la simple somme de biens individuels : «Les exigences de cette œuvre seront si immenses que les possibilités de l'initiative individuelle et la coopération d'hommes formés selon les principes individualistes ne pourront y répondre. Seule une autre attitude provoquera l'union des forces et l'unité de réalisation nécessaires».[154] La conversion écologique requise pour créer un dynamisme de changement durable est aussi une conversion communautaire.

220. Cette conversion suppose diverses attitudes qui se conjuguent pour promouvoir une

[153] Conférence des Évêques catholiques d'Australie, *A New Earth – The Environmental Challenge*, Canberra (2002).

[154] Romano Guardini, *Das Ende der Neuzeit*, p. 72 (éd. fr. : p. 77).

protection généreuse et pleine de tendresse. En premier lieu, elle implique gratitude et gratuité, c'est-à-dire une reconnaissance du monde comme don reçu de l'amour du Père, ce qui a pour conséquence des attitudes gratuites de renoncement et des attitudes généreuses même si personne ne les voit ou ne les reconnaît : « Que ta main gauche ignore ce que fait ta main droite [...] et ton Père qui voit dans le secret, te le rendra » (*Mt* 6, 3-4). Cette conversion implique aussi la conscience amoureuse de ne pas être déconnecté des autres créatures, de former avec les autres êtres de l'univers une belle communion universelle. Pour le croyant, le monde ne se contemple pas de l'extérieur mais de l'intérieur, en reconnaissant les liens par lesquels le Père nous a unis à tous les êtres. En outre, en faisant croître les capacités spécifiques que Dieu lui a données, la conversion écologique conduit le croyant à développer sa créativité et son enthousiasme, pour affronter les drames du monde en s'offrant à Dieu « comme un sacrifice vivant, saint et agréable » (*Rm* 12, 1). Il ne comprend pas sa supériorité comme motif de gloire personnelle ou de domination irresponsable, mais comme une capacité différente, lui imposant à son tour une grave responsabilité qui naît de sa foi.

221. Diverses convictions de notre foi développées au début de cette Encyclique, aident à enrichir le sens de cette conversion, comme la conscience que chaque créature reflète quelque chose de Dieu et a un message à nous enseigner ; ou encore l'assurance que le Christ a assumé en lui-même ce monde matériel et qu'à présent,

ressuscité, il habite au fond de chaque être, en l'entourant de son affection comme en le pénétrant de sa lumière ; et aussi la conviction que Dieu a créé le monde en y inscrivant un ordre et un dynamisme que l'être humain n'a pas le droit d'ignorer. Quand on lit dans l'Évangile que Jésus parle des oiseaux, et dit qu' «aucun d'eux n'est oublié au regard de Dieu» (*Lc* 12, 6) : pourra-t-on encore les maltraiter ou leur faire du mal ? J'invite tous les chrétiens à expliciter cette dimension de leur conversion, en permettant que la force et la lumière de la grâce reçue s'étendent aussi à leur relation avec les autres créatures ainsi qu'avec le monde qui les entoure, et suscitent cette fraternité sublime avec toute la création, que saint François d'Assise a vécue d'une manière si lumineuse.

IV. Joie et paix

222. La spiritualité chrétienne propose une autre manière de comprendre la qualité de vie, et encourage un style de vie prophétique et contemplatif, capable d'aider à apprécier profondément les choses sans être obsédé par la consommation. Il est important d'assimiler un vieil enseignement, présent dans diverses traditions religieuses, et aussi dans la Bible. Il s'agit de la conviction que "moins est plus". En effet, l'accumulation constante de possibilités de consommer distrait le cœur et empêche d'évaluer chaque chose et chaque moment. En revanche, le fait d'être sereinement présent à chaque réalité, aussi petite soit-elle, nous ouvre beaucoup plus de possibilités de compréhension et

d'épanouissement personnel. La spiritualité chrétienne propose une croissance par la sobriété, et une capacité de jouir avec peu. C'est un retour à la simplicité qui nous permet de nous arrêter pour apprécier ce qui est petit, pour remercier des possibilités que la vie offre, sans nous attacher à ce que nous avons ni nous attrister de ce que nous ne possédons pas. Cela suppose d'éviter la dynamique de la domination et de la simple accumulation de plaisirs.

223. La sobriété, qui est vécue avec liberté et de manière consciente, est libératrice. Ce n'est pas moins de vie, ce n'est pas une basse intensité de vie mais tout le contraire ; car, en réalité ceux qui jouissent plus et vivent mieux chaque moment, sont ceux qui cessent de picorer ici et là en cherchant toujours ce qu'ils n'ont pas, et qui font l'expérience de ce qu'est valoriser chaque personne et chaque chose, en apprenant à entrer en contact et en sachant jouir des choses les plus simples. Ils ont ainsi moins de besoins insatisfaits, et sont moins fatigués et moins tourmentés. On peut vivre intensément avec peu, surtout quand on est capable d'apprécier d'autres plaisirs et qu'on trouve satisfaction dans les rencontres fraternelles, dans le service, dans le déploiement de ses charismes, dans la musique et l'art, dans le contact avec la nature, dans la prière. Le bonheur requiert de savoir limiter certains besoins qui nous abrutissent, en nous rendant ainsi disponibles aux multiples possibilités qu'offre la vie.

224. La sobriété et l'humilité n'ont pas bénéficié d'un regard positif au cours du siècle dernier. Mais quand l'exercice d'une vertu s'affaiblit d'une manière généralisée dans la vie personnelle et sociale, cela finit par provoquer des déséquilibres multiples, y compris des déséquilibres environnementaux. C'est pourquoi, il ne suffit plus de parler seulement de l'intégrité des écosystèmes. Il faut oser parler de l'intégrité de la vie humaine, de la nécessité d'encourager et de conjuguer toutes les grandes valeurs. La disparition de l'humilité chez un être humain, enthousiasmé malheureusement par la possibilité de tout dominer sans aucune limite, ne peut que finir par porter préjudice à la société et à l'environnement. Il n'est pas facile de développer cette saine humilité ni une sobriété heureuse si nous nous rendons autonomes, si nous excluons Dieu de notre vie et que notre moi prend sa place, si nous croyons que c'est notre propre subjectivité qui détermine ce qui est bien ou ce qui est mauvais.

225. Par ailleurs, aucune personne ne peut mûrir dans une sobriété heureuse, sans être en paix avec elle-même. La juste compréhension de la spiritualité consiste en partie à amplifier ce que nous entendons par paix, qui est beaucoup plus que l'absence de guerre. La paix intérieure des personnes tient, dans une large mesure, de la préservation de l'écologie et du bien commun, parce que, authentiquement vécue, elle se révèle dans un style de vie équilibré joint à une capacité d'admiration qui mène à la profondeur de la vie. La nature est pleine de mots d'amour, mais comment pourrons-

nous les écouter au milieu du bruit constant, de la distraction permanente et anxieuse, ou du culte de l'apparence ? Beaucoup de personnes font l'expérience d'un profond déséquilibre qui les pousse à faire les choses à toute vitesse pour se sentir occupées, dans une hâte constante qui, à son tour, les amène à renverser tout ce qu'il y a autour d'eux. Cela a un impact sur la manière dont on traite l'environnement. Une écologie intégrale implique de consacrer un peu de temps à retrouver l'harmonie sereine avec la création, à réfléchir sur notre style de vie et sur nos idéaux, à contempler le Créateur, qui vit parmi nous et dans ce qui nous entoure, dont la présence « ne doit pas être fabriquée, mais découverte, dévoilée ».[155]

226. Nous parlons d'une attitude du cœur, qui vit tout avec une attention sereine, qui sait être pleinement présent à quelqu'un sans penser à ce qui vient après, qui se livre à tout moment comme un don divin qui doit être pleinement vécu. Jésus nous enseignait cette attitude quand il nous invitait à regarder les lys des champs et les oiseaux du ciel, ou quand en présence d'un homme inquiet « il fixa sur lui son regard et l'aima » (*Mc* 10, 21). Il était pleinement présent à chaque être humain et à chaque créature, et il nous a ainsi montré un chemin pour surmonter l'anxiété maladive qui nous rend superficiels, agressifs et consommateurs effrénés.

[155] Exhort. apost. *Evangelii gaudium* (24 novembre 2013), n. 71 : *AAS* 105 (2013), 1050.

227. S'arrêter pour rendre grâce à Dieu avant et après les repas est une expression de cette attitude. Je propose aux croyants de renouer avec cette belle habitude et de la vivre en profondeur. Ce moment de la bénédiction, bien qu'il soit très bref, nous rappelle notre dépendance de Dieu pour la vie, il fortifie notre sentiment de gratitude pour les dons de la création, reconnaît ceux qui par leur travail fournissent ces biens, et renforce la solidarité avec ceux qui sont le plus dans le besoin.

V. Amour civil et politique

228. La préservation de la nature fait partie d'un style de vie qui implique une capacité de cohabitation et de communion. Jésus nous a rappelé que nous avons Dieu comme Père commun, ce qui fait de nous des frères. L'amour fraternel ne peut être que gratuit, il ne peut jamais être une rétribution pour ce qu'un autre réalise ni une avance pour ce que nous espérons qu'il fera. C'est pourquoi, il est possible d'aimer les ennemis. Cette même gratuité nous amène à aimer et à accepter le vent, le soleil ou les nuages, bien qu'ils ne se soumettent pas à notre contrôle. Voilà pourquoi nous pouvons parler d'une *fraternité universelle*.

229. Il faut reprendre conscience que nous avons besoin les uns des autres, que nous avons une responsabilité vis-à-vis des autres et du monde, que cela vaut la peine d'être bons et honnêtes. Depuis trop longtemps déjà, nous sommes dans la dégradation morale, en nous moquant de l'éthique, de la bonté, de la foi, de l'honnêteté. L'heure est arrivée

de réaliser que cette joyeuse superficialité nous a peu servi. Cette destruction de tout fondement de la vie sociale finit par nous opposer les uns aux autres, chacun cherchant à préserver ses propres intérêts ; elle provoque l'émergence de nouvelles formes de violence et de cruauté, et empêche le développement d'une vraie culture de protection de l'environnement.

230. L'exemple de sainte Thérèse de Lisieux nous invite à pratiquer la petite voie de l'amour, à ne pas perdre l'occasion d'un mot aimable, d'un sourire, de n'importe quel petit geste qui sème paix et amitié. Une écologie intégrale est aussi faite de simples gestes quotidiens par lesquels nous rompons la logique de la violence, de l'exploitation, de l'égoïsme. En attendant, le monde de la consommation exacerbée est en même temps le monde du mauvais traitement de la vie sous toutes ses formes.

231. L'amour, fait de petits gestes d'attention mutuelle, est aussi civil et politique, et il se manifeste dans toutes les actions qui essaient de construire un monde meilleur. L'amour de la société et l'engagement pour le bien commun sont une forme excellente de charité qui, non seulement concerne les relations entre les individus mais aussi les «macro-relations: rapports sociaux, économiques, politiques».[156] C'est pourquoi, l'Église a proposé au monde l'idéal d'une «civilisation de

[156] Benoît XVI, Lett. enc. *Caritas in veritate* (29 juin 2009), n. 2 : *AAS* 101 (2009), 642.

l'amour».[157] L'amour social est la clef d'un développement authentique : «Pour rendre la société plus humaine, plus digne de la personne, il faut revaloriser l'amour dans la vie sociale — au niveau politique, économique, culturel —, en en faisant la norme constante et suprême de l'action».[158] Dans ce cadre, joint à l'importance des petits gestes quotidiens, l'amour social nous pousse à penser aux grandes stratégies à même d'arrêter efficacement la dégradation de l'environnement et d'encourager une *culture de protection* qui imprègne toute la société. Celui qui reconnaît l'appel de Dieu à agir de concert avec les autres dans ces dynamiques sociales doit se rappeler que cela fait partie de sa spiritualité, que c'est un exercice de la charité, et que, de cette façon, il mûrit et il se sanctifie.

232. Tout le monde n'est pas appelé à travailler directement en politique ; mais au sein de la société germe une variété innombrable d'associations qui interviennent en faveur du bien commun en préservant l'environnement naturel et urbain. Par exemple, elles s'occupent d'un lieu public (un édifice, une fontaine, un monument abandonné, un paysage, une place) pour protéger, pour assainir, pour améliorer ou pour embellir quelque chose qui appartient à tous. Autour d'elles, se développent ou se reforment des liens, et un nouveau tissu social local surgit. Une communauté se libère ainsi de l'indifférence consumériste. Cela implique la

[157] Paul VI, *Message pour la Journée Mondiale de la Paix 1977* : *AAS* 68 (1976), 709.

[158] Conseil Pontifical «Justice et Paix», *Compendium de la Doctrine Sociale de l'Eglise*, n. 582.

culture d'une identité commune, d'une histoire qui se conserve et se transmet. De cette façon, le monde et la qualité de vie des plus pauvres sont préservés, grâce à un sens solidaire qui est en même temps la conscience d'habiter une maison commune que Dieu nous a prêtée. Ces actions communautaires, quand elles expriment un amour qui se livre, peuvent devenir des expériences spirituelles intenses.

VI. Les signes sacramentaux et le repos pour célébrer

233. L'univers se déploie en Dieu, qui le remplit tout entier. Il y a donc une mystique dans une feuille, dans un chemin, dans la rosée, dans le visage du pauvre. L'idéal n'est pas seulement de passer de l'extérieur à l'intérieur pour découvrir l'action de Dieu dans l'âme, mais aussi d'arriver à le trouver en toute chose[159], comme l'enseignait saint Bonaventure : « La contemplation est d'autant plus éminente que l'homme sent en lui-même l'effet de la grâce divine et qu'il sait trouver Dieu dans les créatures extérieures ».[160]

[159] Un maître spirituel, Alî al-Khawwâç, à partir de sa propre expérience, soulignait aussi la nécessité de ne pas trop séparer les créatures du monde de l'expérience intérieure de Dieu. Il affirmait : «Il ne faut donc pas blâmer de parti pris les gens de chercher l'extase dans la musique et la poésie. Il y a un "secret" subtil dans chacun des mouvements et des sons de ce monde. Les initiés arrivent à saisir ce que disent le vent qui souffle, les arbres qui se penchent, l'eau qui coule, les mouches qui bourdonnent, les portes qui grincent, le chant des oiseaux, le pincement des cordes, les sifflement de la flûte, le soupir des malades, le gémissement de l'affligé....», Eva De Vitray-Meyerovitch [éd.], *Anthologie du soufisme*, Paris 1978, p. 200.

[160] *In II Sent.*, 23, 2, 3.

234. Saint Jean de la Croix enseignait que ce qu'il y a de bon dans les choses et dans les expériences du monde « se rencontre[nt] en Dieu éminemment et à l'infini, ou pour mieux dire, chacune de ces excellences est Dieu même, comme toutes ces excellences réunies sont Dieu même »[161]. Non parce que les choses limitées du monde seraient réellement divines, mais parce que le mystique fait l'expérience de la connexion intime qui existe entre Dieu et tous les êtres, et ainsi « il sent que Dieu est toutes les choses »[162]. S'il admire la grandeur d'une montagne, il ne peut pas la séparer de Dieu, et il perçoit que cette admiration intérieure qu'il vit doit reposer dans le Seigneur : « Les montagnes sont élevées ; elles sont fertiles, spacieuses, belles, gracieuses, fleuries et embaumées. Mon Bien-Aimé est pour moi ces montagnes. Les vallons solitaires sont paisibles, agréables, frais et ombragés. L'eau pure y coule en abondance. Ils charment et recréent les sens par leur végétation variée et par les chants mélodieux des oiseaux qui les habitent. Ils procurent la fraîcheur et le repos par la solitude et le silence qui y règnent. Mon Bien-Aimé est pour moi ces valons ».[163]

235. Les Sacrements sont un mode privilégié de la manière dont la nature est assumée par Dieu et devient médiation de la vie surnaturelle. À travers le culte, nous sommes invités à embrasser le

[161] *Cantique spirituel*, XIV-XV, 5 (Œuvres complètes, Paris 1990, p. 409-410).
[162] *Ibid.*
[163] *Ibíd.*, XIV, 6-7 (p. 410).

monde à un niveau différent. L'eau, l'huile, le feu et les couleurs sont assumés avec toute leur force symbolique et s'incorporent à la louange. La main qui bénit est instrument de l'amour de Dieu et reflet de la proximité de Jésus-Christ qui est venu nous accompagner sur le chemin de la vie. L'eau qui se répand sur le corps de l'enfant baptisé est signe de vie nouvelle. Nous ne nous évadons pas du monde, et nous ne nions pas la nature quand nous voulons rencontrer Dieu. Cela peut se percevoir particulièrement dans la spiritualité chrétienne orientale : «La beauté, qui est l'un des termes privilégiés en Orient pour exprimer la divine harmonie et le modèle de l'humanité transfigurée, se révèle partout : dans les formes du sanctuaire, dans les sons, dans les couleurs, dans les lumières, dans les parfums».[164] Selon l'expérience chrétienne, toutes les créatures de l'univers matériel trouvent leur vrai sens dans le Verbe incarné, parce que le Fils de Dieu a intégré dans sa personne une partie de l'univers matériel, où il a introduit un germe de transformation définitive : «Le christianisme ne refuse pas la matière, la corporéité, qui est au contraire pleinement valorisée dans l'acte liturgique, dans lequel le corps humain montre sa nature intime de temple de l'Esprit et parvient à s'unir au Seigneur Jésus, lui aussi fait corps pour le salut du monde».[165]

236. Dans l'Eucharistie, la création trouve sa plus grande élévation. La grâce, qui tend à se ma-

[164] Jean-Paul II, Lett. apost. *Orientale lumen* (2 mai 1995), n. 11 : *AAS* 87 (1995), 757.
[165] *Ibid.*

nifester d'une manière sensible, atteint une expression extraordinaire quand Dieu fait homme, se fait nourriture pour sa créature. Le Seigneur, au sommet du mystère de l'Incarnation, a voulu rejoindre notre intimité à travers un fragment de matière. Non d'en haut, mais de l'intérieur, pour que nous puissions le rencontrer dans notre propre monde. Dans l'Eucharistie la plénitude est déjà réalisée ; c'est le centre vital de l'univers, le foyer débordant d'amour et de vie inépuisables. Uni au Fils incarné, présent dans l'Eucharistie, tout le cosmos rend grâce à Dieu. En effet, l'Eucharistie est en soi un acte d'amour cosmique : «Oui, cosmique! Car, même lorsqu'elle est célébrée sur un petit autel d'une église de campagne, l'Eucharistie est toujours célébrée, en un sens, *sur l'autel du monde*».[166] L'Eucharistie unit le ciel et la terre, elle embrasse et pénètre toute la création. Le monde qui est issu des mains de Dieu, retourne à lui dans une joyeuse et pleine adoration : dans le Pain eucharistique, «la création est tendue vers la divinisation, vers les saintes noces, vers l'unification avec le Créateur lui-même».[167] C'est pourquoi, l'Eucharistie est aussi source de lumière et de motivation pour nos préoccupations concernant l'environnement, et elle nous invite à être gardiens de toute la création.

[166] Lett. enc. *Ecclesia de Eucharistia* (17 avril 2003), n. 8 : *AAS* 95 (2003), 438.

[167] Benoît XVI, *Homélie à l'occasion de la Messe du Corpus Domini* (15 juin 2006) : *AAS* 98 (2006), 513.

237. Le dimanche, la participation à l'Eucharistie a une importance spéciale. Ce jour, comme le sabbat juif, est offert comme le jour de la purification des relations de l'être humain avec Dieu, avec lui-même, avec les autres et avec le monde. Le dimanche est le jour de la résurrection, le "premier jour" de la nouvelle création, dont les prémices sont l'humanité ressuscitée du Seigneur, gage de la transfiguration finale de toute la réalité créée. En outre, ce jour annonce «le repos éternel de l'homme en Dieu»[168]. De cette façon, la spiritualité chrétienne intègre la valeur du loisir et de la fête. L'être humain tend à réduire le repos contemplatif au domaine de l'improductif ou de l'inutile, en oubliant qu'ainsi il retire à l'œuvre qu'il réalise le plus important : son sens. Nous sommes appelés à inclure dans notre agir une dimension réceptive et gratuite, qui est différente d'une simple inactivité. Il s'agit d'une autre manière d'agir qui fait partie de notre essence. Ainsi, l'action humaine est préservée non seulement de l'activisme vide, mais aussi de la passion vorace et de l'isolement de la conscience qui amène à poursuivre uniquement le bénéfice personnel. La loi du repos hebdomadaire imposait de chômer le septième jour «afin que se reposent ton bœuf et ton âne et que reprennent souffle le fils de ta servante ainsi que l'étranger» (*Ex* 23, 12). En effet, le repos est un élargissement du regard qui permet de reconnaître à nouveau les droits des autres. Ainsi, le jour du repos, dont

[168] Cf. *Catéchisme de l'Eglise catholique*, n. 2175.

l'Eucharistie est le centre, répand sa lumière sur la semaine tout entière et il nous pousse à intérioriser la protection de la nature et des pauvres.

VII. La Trinité et la relation entre les créatures

238. Le Père est l'ultime source de tout, fondement aimant et communicatif de tout ce qui existe. Le Fils, qui le reflète, et par qui tout a été créé, s'est uni à cette terre quand il a été formé dans le sein de Marie. L'Esprit, lien infini d'amour, est intimement présent au cœur de l'univers en l'animant et en suscitant de nouveaux chemins. Le monde a été créé par les trois Personnes comme un unique principe divin, mais chacune d'elles réalise cette œuvre commune selon ses propriétés personnelles. C'est pourquoi « lorsque [...] nous contemplons avec admiration l'univers dans sa grandeur et sa beauté, nous devons louer la Trinité tout entière ».[169]

239. Pour les chrétiens, croire en un Dieu qui est un et communion trinitaire, incite à penser que toute la réalité contient en son sein une marque proprement trinitaire. Saint Bonaventure en est arrivé à affirmer que, avant le péché, l'être humain pouvait découvrir comment chaque créature « atteste que Dieu est trine ». Le reflet de la Trinité pouvait se reconnaître dans la nature « quand ce livre n'était pas obscur pour l'homme et que le regard de l'homme n'avait pas été trou-

[169] Jean-Paul II, *Catéchèse* (2 août 2000), n. 4 : *Insegnamenti* 23/2 (2000), 112.

blé».[170] Le saint franciscain nous enseigne *que toute créature porte en soi une structure proprement trinitaire*, si réelle qu'elle pourrait être spontanément contemplée si le regard de l'être humain n'était pas limité, obscur et fragile. Il nous indique ainsi le défi d'essayer de lire la réalité avec une clé trinitaire.

240. Les Personnes divines sont des relations subsistantes, et le monde, créé selon le modèle divin, est un tissu de relations. Les créatures tendent vers Dieu, et c'est le propre de tout être vivant de tendre à son tour vers autre chose, de telle manière qu'au sein de l'univers nous pouvons trouver d'innombrables relations constantes qui s'entrelacent secrètement[171]. Cela nous invite non seulement à admirer les connexions multiples qui existent entre les créatures, mais encore à découvrir une clé de notre propre épanouissement. En effet, plus la personne humaine grandit, plus elle mûrit et plus elle se sanctifie à mesure qu'elle entre en relation, quand elle sort d'elle-même pour vivre en communion avec Dieu, avec les autres et avec toutes les créatures. Elle assume ainsi dans sa propre existence ce dynamisme trinitaire que Dieu a imprimé en elle depuis sa création. Tout est lié, et cela nous invite à mûrir une spiritualité de la solidarité globale qui jaillit du mystère de la Trinité.

[170] *Quaest. disp. de Myst. Trinitatis*, 1, 2, concl.

[171] Cf. Thomas d'Aquin, *Summa Theologiae* I, q. 11, art. 3 ; q. 21, art. 1, ad 3 ; q. 47, art. 3.

241. Marie, la Mère qui a pris soin de Jésus, prend soin désormais de ce monde blessé, avec affection et douleur maternelles. Comme, le cœur transpercé, elle a pleuré la mort de Jésus, maintenant elle compatit à la souffrance des pauvres crucifiés et des créatures de ce monde saccagées par le pouvoir humain. Totalement transfigurée, elle vit avec Jésus, et toutes les créatures chantent sa beauté. Elle est la Femme « enveloppée de soleil, la lune est sous ses pieds, et douze étoiles couronnent sa tête » (*Ap* 12, 1). Élevée au ciel, elle est Mère et Reine de toute la création. Dans son corps glorifié, avec le Christ ressuscité, une partie de la création a atteint toute la plénitude de sa propre beauté. Non seulement elle garde dans son cœur toute la vie de Jésus qu'elle conservait fidèlement (cf. *Lc* 2, 51.51), mais elle comprend aussi maintenant le sens de toutes choses. C'est pourquoi, nous pouvons lui demander de nous aider à regarder ce monde avec des yeux plus avisés.

242. A côté d'elle, dans la Sainte Famille de Nazareth, se détache la figure de saint Joseph. Il a pris soin de Marie et de Jésus ; il les a défendus par son travail et par sa généreuse présence, et il les a libérés de la violence des injustes en les conduisant en Égypte. Dans l'Évangile, il apparaît comme un homme juste, travailleur, fort. Mais de sa figure, émane aussi une grande tendresse, qui n'est pas le propre des faibles, mais le propre de ceux qui sont vraiment forts, attentifs à la réalité pour aimer et pour servir humblement. Voilà pourquoi il a été déclaré protecteur de l'Église universelle. Il peut

aussi nous enseigner à protéger, il peut nous motiver à travailler avec générosité et tendresse pour prendre soin de ce monde que Dieu nous a confié.

IX. Au-delà du soleil

243. A la fin, nous nous trouverons face à face avec la beauté infinie de Dieu (cf. *1 Co* 13, 12) et nous pourrons lire, avec une heureuse admiration, le mystère de l'univers qui participera avec nous à la plénitude sans fin. Oui, nous voyageons vers le sabbat de l'éternité, vers la nouvelle Jérusalem, vers la maison commune du ciel. Jésus nous dit : « Voici, je fais l'univers nouveau» (*Ap* 21, 5). La vie éternelle sera un émerveillement partagé, où chaque créature, transformée d'une manière lumineuse, occupera sa place et aura quelque chose à apporter aux pauvres définitivement libérés.

244. Entre-temps, nous nous unissons pour prendre en charge cette maison qui nous a été confiée, en sachant que tout ce qui est bon en elle sera assumé dans la fête céleste. Ensemble, avec toutes les créatures, nous marchons sur cette terre en cherchant Dieu, parce que « si le monde a un principe et a été créé, il cherche celui qui l'a créé, il cherche celui qui lui a donné un commencement, celui qui est son Créateur ».[172] Marchons en chantant ! Que nos luttes et notre préoccupation pour cette planète ne nous enlèvent pas la joie de l'espérance.

[172] Basile le Grand, *Sur l'Hexaemeron*, 1, 2, 6 : *PG* 29, 8.

245. Dieu qui nous appelle à un engagement généreux, et à tout donner, nous offre les forces ainsi que la lumière dont nous avons besoin pour aller de l'avant. Au cœur de ce monde, le Seigneur de la vie qui nous aime tant, continue d'être présent. Il ne nous abandonne pas, il ne nous laisse pas seuls, parce qu'il s'est définitivement uni à notre terre, et son amour nous porte toujours à trouver de nouveaux chemins. Loué soit-il.

* * *

246. Après cette longue réflexion, à la fois joyeuse et dramatique, je propose deux prières : l'une que nous pourrons partager, nous tous qui croyons en un Dieu Créateur Tout-Puissant ; et l'autre pour que nous, chrétiens, nous sachions assumer les engagements que nous propose l'Évangile de Jésus, en faveur de la création.

Prière pour notre terre

Dieu Tout-Puissant
qui es présent dans tout l'univers
et dans la plus petite de tes créatures,
Toi qui entoures de ta tendresse tout ce qui existe,
répands sur nous la force de ton amour pour que nous protégions la vie et la beauté.
Inonde-nous de paix, pour que nous vivions comme frères et sœurs
sans causer de dommages à personne.
Ô Dieu des pauvres,
aide-nous à secourir les abandonnés

et les oubliés de cette terre
qui valent tant à tes yeux.
Guéris nos vies,
pour que nous soyons des protecteurs du monde
et non des prédateurs,
pour que nous semions la beauté
et non la pollution ni la destruction.
Touche les cœurs
de ceux qui cherchent seulement des profits
aux dépens de la terre et des pauvres.
Apprends-nous à découvrir
la valeur de chaque chose,
à contempler, émerveillés,
à reconnaître que nous sommes profondément unis
à toutes les créatures
sur notre chemin vers ta lumière infinie.
Merci parce que tu es avec nous tous les jours.
Soutiens-nous, nous t'en prions,
dans notre lutte pour la justice, l'amour et la paix.

Prière chrétienne avec la création

Nous te louons, Père, avec toutes tes créatures,
qui sont sorties de ta main puissante.
Elles sont tiennes, et sont remplies de ta présence
comme de ta tendresse.
Loué sois-tu.

Fils de Dieu, Jésus,
toutes choses ont été créées par toi.
Tu t'es formé dans le sein maternel de Marie,
tu as fait partie de cette terre,
et tu as regardé ce monde avec des yeux humains.

Aujourd'hui tu es vivant en chaque créature
avec ta gloire de ressuscité.
Loué sois-tu.

Esprit-Saint, qui par ta lumière
orientes ce monde vers l'amour du Père
et accompagnes le gémissement de la création,
tu vis aussi dans nos cœurs
pour nous inciter au bien.
Loué sois-tu.

Ô Dieu, Un et Trine,
communauté sublime d'amour infini,
apprends-nous à te contempler
dans la beauté de l'univers,
où tout nous parle de toi.
Éveille notre louange et notre gratitude
pour chaque être que tu as créé.
Donne-nous la grâce
de nous sentir intimement unis à tout ce qui existe.
Dieu d'amour, montre-nous
notre place dans ce monde
comme instruments de ton affection
pour tous les êtres de cette terre,
parce qu'aucun n'est oublié de toi.
Illumine les détenteurs du pouvoir et de l'argent
pour qu'ils se gardent du péché de l'indifférence,
aiment le bien commun, promeuvent les faibles,
et prennent soin de ce monde que nous habitons.
Les pauvres et la terre implorent :
Seigneur, saisis-nous
par ta puissance et ta lumière
pour protéger toute vie,

pour préparer un avenir meilleur,
pour que vienne
ton Règne de justice, de paix, d'amour et de beauté.
Loué sois-tu.
Amen.

Donné à Rome, près de Saint-Pierre, le 24 mai 2015, solennité de Pentecôte, en la troisième année de mon Pontificat.

Franciscus

TABLE DES MATIERES

Troisieme chapitre

LA RACINE HUMAINE DE LA CRISE ECOLOGIQUE [101]

Quatrieme chapitre

UNE ECOLOGIE INTEGRALE [137]

Cinquieme chapitre

QUELQUES LIGNES D'ORIENTATION ET D'ACTION [163]

Sixieme chapitre

EDUCATION ET SPIRITUALITE ECOLOGIQUES [202]

Dépôt légal : juin 2015
IMPRIMÉ EN FRANCE

Achevé d'imprimer le 19 juin 2015
sur les presses de l'imprimerie « La Source d'Or »
63039 Clermont-Ferrand
Imprimeur n° 17967

IMPRIM'VERT
Votre imprimeur agit pour l'environnement

PEFC
PEFC/10-31-2008

*Dans le cadre de sa politique de développement durable,
La Source d'Or a été référencée IMPRIM'VERT®
par son organisme consulaire de tutelle.
Cet ouvrage est imprimé - pour l'intérieur -
sur papier offset standard 80 g
provenant de la gestion durable des forêts,
produit par des papetiers dont les usines ont obtenu
les certifications environnementales ISO 14001 et E.M.A.S.*